经济管理学术文库·管理类

"弱校"精准帮扶视域下的小学校长领导力研究

A Study on the Leadership of Primary School Principals from the Perspective of Targeted Poverty Reduction in Weak Schools

覃 弘／著

图书在版编目（CIP）数据

"弱校"精准帮扶视域下的小学校长领导力研究/覃弘著．—北京：经济管理出版社，2019.3

ISBN 978 – 7 – 5096 – 6453 – 7

Ⅰ.①弱… Ⅱ.①覃… Ⅲ.①小学—校长—学校管理—研究 Ⅳ.①G627.1

中国版本图书馆 CIP 数据核字（2019）第 050571 号

组稿编辑：杨国强
责任编辑：杨国强　张瑞军
责任印制：黄章平
责任校对：王淑卿

出版发行：经济管理出版社
　　　　　（北京市海淀区北蜂窝 8 号中雅大厦 A 座 11 层　100038）
网　　址：www.E – mp.com.cn
电　　话：（010）51915602
印　　刷：北京玺诚印务有限公司
经　　销：新华书店
开　　本：720mm×1000mm/16
印　　张：12.25
字　　数：220 千字
版　　次：2019 年 10 月第 1 版　2019 年 10 月第 1 次印刷
书　　号：ISBN 978 – 7 – 5096 – 6453 – 7
定　　价：68.00 元

·版权所有　翻印必究·
凡购本社图书，如有印装错误，由本社读者服务部负责调换。
联系地址：北京阜外月坛北小街 2 号
电话：（010）68022974　邮编：100836

前　言

随着21世纪的到来，世界经济、政治、文化的全球化对学校教育提出了新的变革要求，为了培养21世纪的国际化人才，对校长的角色提出了新的挑战。校长作为学校变革的核心人物，作为处理学校任何事务的责任人，无论是日常教育管理实践还是领导学校的发展变革，都需要校长从专业化的发展需求出发，不断提升自己的领导力，承担多元的校长角色，关注学校不同的人或群体的需求，应对学校变革的需求，尤其是作为一名小学校长，更是承担着非常重大的责任，以为了更好地实现"弱校"到"强校"的转变，全面提升学校的管理水平。

目 录

第一章 绪论 ··· 1

第二章 "弱校"的现状及其成因 ··· 17
    第一节 "弱校"的现状 ··· 17
    第二节 薄弱学校形成的历史成因 ··· 23

第三章 从弱校精准帮扶探小学校长的课程领导力 ··························· 29
    第一节 小学校长的课程领导力概述 ····································· 29
    第二节 小学校长的课程领导力的现状及原因 ····························· 39
    第三节 提升小学校长课程领导力的策略 ································· 51

第四章 从弱校精准帮扶探小学校长的教学领导力 ··························· 65
    第一节 小学校长的教学领导力概述 ····································· 65
    第二节 小学校长教学领导力存在的问题及成因 ··························· 68
    第三节 提升小学校长教学领导能力的策略 ······························· 82

第五章 从弱校精准帮扶探小学校长的信息化领导力 ························· 90
    第一节 小学校长的信息化领导力概述 ··································· 90
    第二节 小学校长信息化领导力存在的问题及原因 ························ 105
    第三节 提升小学校长信息领导力的有效思路 ···························· 111
    第四节 提升小学校长信息化教学领导力的策略 ·························· 119

第六章 从弱校精准帮扶探小学校长的道德领导力 …………… 134
- 第一节 小学校长的道德领导力概述 ……………………………… 134
- 第二节 小学校长道德领导力存在的问题及原因 ………………… 141
- 第三节 提升小学校长道德领导力的策略 ………………………… 150

第七章 小学校长专业化与校长培训 ………………………………… 156
- 第一节 小学校长专业化概述 ……………………………………… 156
- 第二节 校长专业化与小学校长培训 ……………………………… 168
- 第三节 我国小学校长专业化面临的问题及原因 ………………… 179
- 第四节 提升校长专业化水平的有效对策 ………………………… 182

参考文献 ……………………………………………………………… 188

第一章 绪 论

一、概念界定

(一) 学校发展

1. 学校发展

一般而言,发展是一个基于不断进步的概念,是指从一个较低的水平或者地位,提升到一个较高的水平或地位。这种提升可以是具体的,也可以是抽象的。因此可以说,学校发展就是使学校的教育教学质量和社会声誉从一个较低的水平,提高到一个较高的水平。

学校发展与教师发展、学生发展有着密切的联系,但又具有自己独特的内容。有学者曾提出这样一个公式:发展=规划+管理,认为发展是关于规划和管理的函数。这就意味着,我们工作的最终目的是发展,规划与管理都是实现发展的手段。可以说,学校发展是学校管理中的常规性内容,追求学校持续发展是学校管理者的基本职责。

2. 内发式发展

内发式发展是根据组织的传统和现实条件,发挥内部资源优势,实现内部主导型的组织发展。内发式发展重视的是组织成员的潜能开发、个体成长以及可持续性的协调发展。

内发式发展认为,一个组织在与外部世界沟通的过程中,自我主导权往往会对这个组织产生新的转换具有重要作用。

（二）薄弱学校

可以将薄弱学校定义为，在基础教育阶段，由于政策环境的原因和学校自身管理上的问题，导致的具有办学条件差、办学质量低、社会声誉较低等特征的学校。

（三）精准扶贫

教育扶贫，是指针对贫困地区的贫困人口进行教育投入和教育资助服务，使贫困人口掌握脱贫致富的知识和技能，通过提高当地人口的科学文化素质以促进当地的经济和文化发展，并最终摆脱贫困的一种扶贫方式。就目前的发展趋势来看，当前的教育扶贫存在以下几方面的问题：

第一，在"一费制"政策实施之后，各大学校的经费收入开始大幅度降低，再加上各当地政府在投入资金的过程中没有一套完善的经费投入制度，致使部分学校并没有资金周转，导致部分学校在维修或者购买相应教育设备时，只能靠借贷来支撑，但由于资金迟迟没有到位，给学校的正常运转造成了非常严重的影响。所以，在进行教育精准扶贫的过程中应该加大对贫困地区的教育经费投资，给薄弱学校提供最大的物质帮助。

第二，要正确认识到城乡之间的差距，重视城乡之间的教育经费分配比例，应根据农村教育的实际情况给予相应的优待，比如：加大资金的投入、专业人才的输送等，以为农村薄弱学校的发展创造更好的条件。

第三，要均衡资源，避免出现一些择校、示范学校的出现，要让每一位孩子都能享受到同等的待遇。

第四，实施教育精准扶贫最大的目的是，完善和细化贫困地区的投资制度，根据当地的实际情况合理地分配教育资源，坚决避免出现一些，比如：示范学校的特别优待、"好"学生的特别优待等情况。

第五，精准落实激励与引进并举政策，全面提升教师队伍素质。一支数量充足、理论知识结构完善、业务精湛、教学能力强的教师队伍，对提升教育质量，促进教学发展具有非常重要的作用。然而，在目前农村教育发展中，师资资源却成为了一个大问题，不仅数量不达标，而且部分教师的业务素质和业务能力也不合格，这是导致"薄弱学校"最大的一个原因。基于此，我国应该建立起相应的教师培训制度和培训体系，各地方政府应定期地安排一些教师培训活动，并定期地进行检查，一旦发现业务素质不过关的，应对其进行进一步的培训，直到合格为止。

（四）精准帮扶弱校

精准帮扶弱校就是根据目前学校的发展情况，因政策环境的原因和学校自身管理上的问题，导致的具有办学条件差、办学质量低、社会声誉较低等特征的学校，开展一系列的帮扶工作。

薄弱学校主要表现在：师生状况不好，对于教师来说，教学模式、教学方法、教学设备无法满足自身要求，对于学生来说，教师的教学水平差、学校环境差等，最重要的一个因素还是办学条件差。总的来说，就是指在多种因素作用下，因长期缺乏办学活力和凝聚力而导致教学质量差、社会信誉差的学校。①

二、薄弱学校改进的必要性

在相当长一段时间内，在我国基础教育阶段存在着城乡之间、区域之间和校际之间发展差距较大，以及由此产生的"择校热"等一些关系到群众受教育权利的热点问题。"择校热"现象归根结底抢的是优质教育资源，基础教育领域优质教育资源的稀缺与分配不均是我国基础教育领域存在已久的问题，由此导致的薄弱学校也普遍存在于我国基础教育领域。而且随着市场经济体制的推行，学校校际差距呈扩大趋势，薄弱学校问题日趋严重，由此造成的"择校热"与部分重点学校高收费现象屡见不鲜，从而产生了许多社会问题，严重阻碍了基础教育阶段素质教育的实施。要根治择校之风，实现基础教育领域受教育权的公平，在实现了"有学上"的目标之后，能够"上好学"，必须实现教育均衡化发展，全面普及必须走向优质均衡，薄弱学校的发展是其中待解决的重要一环。促进薄弱学校发展，推进基础教育均衡发展是当前基础教育现实状况的迫切需要。

我国政府和教育行政部门针对薄弱学校的改造制定了一系列政策措施，加大财政投入并实施了一些重大工程项目。这些努力促进了公共教育资源的科学合理配置，逐步缩小了城乡、区域教育发展差距，但由于历史、经济社会发展等各种

---

① 卢长智.薄弱学校办学潜能开发研究［D］.上海师范大学博士学位论文，2006.

现实原因，薄弱学校的问题至今尚未完全解决。薄弱学校的改造经历了一个较长的阶段，到目前为止，这个阶段仍在继续。

教育公平在要求保障公民依法享有受教育权利的基础上，强调提高教育质量，通过合理配置教育资源，推进教育公共服务均等化，促进基础教育的均衡发展。在均衡发展理念的指导下，薄弱学校改造、优质教育资源共享等成为各地基础教育改革的重要举措，全国各地也涌现出了许多促进基础教育均衡发展的有益实践，富有创新性的探索和实践，在促进学生享受优质教育资源方面取得了可喜的成果。

加快促进薄弱学校的改造，推进基础教育均衡发展，办好每一所学校，关注每一名学生，广大群众才能够享有更高质量和更加公平的教育，人力资源强国的建设才具备更有力的支撑。

三、薄弱学校发展的关键性因素

（一）政策的扶持

1. 资金投入

众所周知，教育具有非营利性，是国家开展的公益工作。所以，小学教育的教育经费都是来自财政拨款。而教育经费的投入是国家的相关部门根据学校的学生人数来决定的，也就是说，一个学校的学生数量越多，其教育经费也就越多，当然，如果一个学校的学生较少，而且流失现象非常严重的话，那么教育经费就会越来越少。从目前的教育情况来看，那些生源流失现象非常严重的学校无非有几个原因：第一，师资力量较弱；第二，教育经费少，这与当前的教育经费财政投入制度、体系有很大的关系。所以，这个时候应该改变传统的财政投入制度，重新进行划分，一定要改变传统的投入观念，不能只注重重点学校的经费投入，而是应该根据其实际发展情况投入适当的教育经费，把剩余的教育经费投入到那些办学条件较差的薄弱学校，让其有更多的条件进行发展，而不是一直处在生源流失的情况中。

2. 师资分配

教育主管部门要根据薄弱学校的实际情况，有目的地选配优秀校长和后备干部到薄弱学校任职,并将在薄弱学校工作的政绩作为干部考核的依据。应积极地鼓励或者通过公开招聘的方式让更多优秀的人才到薄弱学校去任教,以改善薄弱学校目前的情况。或者,在国家的机关改革、人员分流中,挑出部分适合的优秀干部到薄弱学校去任教。值得强调的一点是,在招聘或者安排人员到薄弱学校任教的过程中,国家应给予丰富的福利待遇或者通过增加工资的方式,激发更多人员到薄弱学校任教的积极性,从而提升薄弱学校教师队伍的数量和质量。

3. 差别对待

众所周知,薄弱学校的最大特点就是,办学条件差、生源流失现象严重,而导致这些出现的最大的一个原因就是教育资金投入不够。所以,薄弱学校的发展更需要国家政府的照顾与支持,应该多给薄弱学校一些发展的机会,尽可能地为学校争取更多的教育资金,只有进行差别照顾,才能为促进学校发展奠定坚实的基础。只有进行差别的对待,才能让薄弱学校的校长和教师重燃教育的信心,这对于促进薄弱学校的发展具有非常重要的作用。

薄弱学校在不断发展的过程中,肯定会遇到很多的问题,作为国家政府教育部门应该多给他们一些发展的时间与空间,帮助他们解决在发展过程中遇到的问题,而不是对困难进行无情的回避与推脱,一味地指责与怪罪学校,应该给予必要的谅解和指导,在遇到问题的时候给他们出谋划策,提供一些实质性的建议,与全体师生共渡难关。差别对待薄弱学校应该体现在招生政策和升学比率换算上面。

在进行生源分配方面,应该尽可能地考虑到薄弱学校的长远发展,给予适当的照顾,尤其是应该采用一些强硬的手段和态度,尽可能地为薄弱学校留住更多的学生。

在升学率的统计计算与评比过程中,不能把考入重点学校列入学校评比中,而是应该注重学生能力的提升,尤其是应该看重薄弱学校对全市教育质量的提高所做出的贡献,要学会肯定薄弱学校的能力,只有对薄弱学校进行多方面的差别优惠对待,才能促进薄弱学校的发展,提升薄弱学校的教育质量。

(二)领导者的自身涵养

好的领导者是学校发展的关键,其处于学校发展的主导地位,控制着学校发展的命脉,能够最大限度地激发教职工的积极性,充分挖掘教师潜力,将学校带入良性循环发展的轨道上。

1. 具有人文的管理理念

苏霍姆林斯基在《帕夫雷什中学》中提到：对于校长来说，一个最主要最重要的品质，就是深深地热爱孩子，有跟孩子在一起的内心需要，有深刻的人道精神。① 人既是生产活动中最重要的一项要素，也是学校发展的主体。校长作为学校的领导，是学校发展的核心力量，是促进学校发展的主体。校长能力的大小是可以直接影响学校的发展进步的。所以，在进行教育管理的过程中，校长应该坚持以人为本的教育理念，要尊重教师和学生的个性发展，要从维护学生根本利益出发，要了解教师的实际发展需要，学会了解他们的内心真实情况，站在他们的角度去思考问题，全心全意地为教师和学生服务，尤其是在管理教师方面，应该提高教职工的福利待遇，经常性地给予一定的鼓励与支持，让教师找到归属感，从而不断地提升学校教育质量，改善薄弱学校的实际发展情况。

2. 具有独特的管理艺术

生活来源于艺术，又高于艺术，教育也是一样的。在学校中，无论在管理中，还是在教学中，都应该将艺术因素有效地融合进去，艺术氛围越融洽，收获的效果会越好。作为学校的领导者应该担起这一责任，一定要将艺术因素融入教学中，注重个人人格与魅力的散发，在教育工作中多注重方法和策略的灵活性，注重艺术性，用自身魅力去感染教师和学生，定能提升教师对工作的认同感和归属感。开展教育管理工作的艺术性，应该从以下几个方面入手：

（1）攻心。在心理学的指导之下，校长还应该了解教师和学生的内心真实情况，了解他们的内心真实需要，只有走进他们的内心世界，才能更好地开展教育管理工作。随着经济的不断发展，绝大多数的人更加注重追求精神世界，注重情感的发泄，他们更加注重自我价值的实现。因此，在实际的工作实践中，校长应该根据教师和学生的实际情况，了解他们的需求，采用适当的教学方法和教学模式，尤其是应该采用一些信息化的教学手段和方法，从而点燃他们的工作热情、学习热情，营造良好和谐的教学氛围，要让他们从内心来认可这份工作。

（2）倾听民声。了解心理需要最重要的一个前提条件就是要学会倾听他们

---

① ［苏］霍姆林斯基. 帕夫雷什中学［M］. 北京：教育科学出版社，1983.

的内心世界,学会民主评价、民主讨论,尽可能地尊重他们,多给他们一些可以发表意见的时间和空间。广开言论,多方面收集关于教师和学生的信息,并将这些收集到的信息进行明确的筛选、反思,从点滴信息中找到教师、学生的心理状态,了解他们的真实需求,从而更好地开展教育教学工作。

(3)校长应该有一个博大、宽容的胸怀,赏识的眼光。每个人都有其不同的发展特点,当然,每一位教师也都有其不同的闪光点,因此,在进行教育工作实践中来看,校长应该用一个赏识的眼光去管理教师和学生,只有这样才能促进教学效率的提升。

3. 具有丰富的管理经验

只有丰富的管理经验,才能更好地开展工作。尤其是作为薄弱学校的校长更应该如此,面对薄弱落后的种种现状,能够凭借自身的经验去解决当前薄弱学校所遇到的问题,这样才能让薄弱学校在改造与发展过程中少些工作内容,避免资源的浪费。优秀的管理者用人之长,不会让员工觉得他在管人,遇事沉稳睿智,处理问题讲究方式方法,有自身魅力地去工作,会得到教师和学生的认可。

4. 与时俱进的管理模式

在传统的管理工作中,校长都是采用传统的管理方法、模式、评价体系,而这些都是导致学校教育质量迟迟没有得到提升的最重要原因。就此,在实际的教育管理工作中,校长应该做到与时俱进,采用先进的管理模式和管理方法,对于提升教育质量具有非常重要的作用。

(三)师资队伍的建设

教师队伍作为学校发展最重要的主体力量,其能力的高低是会直接影响学校发展的。尤其是作为薄弱学校里的教师,其地位是非常重要的,是薄弱学校赖以生存的前提条件。

1. 转变教育观念

观念是行为的前提,只有先有了观念,才能展开实践。所以,教育工作者要想更好地开展教育实践,就必须要有先进的观念。如果在实际的工作中,一成不变,传统的教育观念、管理理念只能限制教师的个性发展,降低教师的工作能力，从而导致教育质量迟迟得不到提升。然而，从实际的工作情况来看，绝大多数的教育观念仍然存在一定的问题，传统的应试观念仍然存在，致使教育质量没有提升。所以，从教育实践来看，教师应该不断地改革与学习，要及时地改变传统的教学观念，要从应试教育观念脱离出来，尤其是应该坚持以学生为本的教育观念，尊重学生个体差异，帮助他们找到有效的学习方法。而这个时候，作为一个学校的校长所要做的就是帮助教师改变传统的教学观念，当然，众所周知，教育观念的形成并不是在一朝一夕中形成的，所以，校长应该定期地提醒教师，让他们知道先进的教学观念对于开展教学工作具有非常大的作用，只有让他们形成先进的教育观念，才能促进教育质量的提升。

2. 加大教师培训

如前文所述，教师能力的高低会直接影响教学工作质量的高低，所以，校长应该开展对教师的培训工作，通过对教师的培训工作，提升教师的能力。主要可以从以下几个方面入手：

（1）要强化教师的职业道德教育。随着教育改革的不断发展，人们对教师的要求越来越高，除了要求教师要有成熟的教学能力，丰富的教学经验，还要求教师具有一定的道德素质，比如有一颗宽容、负责任的心，让他们在实际的教学工作中学会爱护学生、尊重学生。所以，在实际的教学工作中，应该建立宣传、教育、考核、监督与惩治相结合的师德工作机制，实行师德一票否决制。另外，还应该根据教师的实际发展情况，开展一系列的师德建设活动，不断地强化教师的职业道德教育，从而不断地提升教师的职业道德能力。

（2）开展合适有效的培训模式。

首先要强化教师的职业道德教育。要建立宣传、教育、考核、监督与惩治相结合的师德工作机制，实行师德一票否决制。开展丰富多彩、形式多样的师德建设活动，形成浓厚的师德氛围。其次要建立多层次、全方位、立体的教师培训模式。如果学校的教师只是满足于过去掌握的那点知识，只会让我们已有知识在忙碌中荒废，已学会的本领在繁忙中遗失、这样的教师队伍，这样的学校迟早要落伍，被时代淘汰。所以，要通过专家引领、同伴互动、引进来走出去、赛课、校际拜师等多种形式的培训，让老师们能走的走起来，会跑的跑起来，想飞的飞起来，在各自原有的层次上都能得到相应的质的提升，逐步培育一批引领素质教育实施的骨干和名师。

3. 激发敬业精神

敬业是教师应该具备的优良品质，只有对教育事业有一颗敬业的心，才能更好地开展教育工作，可以大大地激发学生的学习兴趣。所以，应该把培养教师群体的敬业精神放在首要教育任务的工作重点，全力开展教师德育工作，既是我们教育事业质量保证的基础，也是当前薄弱学校不应该缺少的人力资源。

作为学校的管理者，应该扮演好培养教师敬业精神的角色，应该根据教师的实际发展情况，采用合适有效、科学合理的教学策略和方法，做到恩威并施、奖惩结合，具体来说，可以从以下几个方面入手：

（1）正所谓没有规矩，不成方圆，尤其是在面对庞大的教师群体时，管理者应该根据本校教师的发展情况制定出一套贴合实际的纪律制度，从而起到约束的作用。

（2）教师是学校发展的主体力量，其的教育心态、教学能力将直接影响教育质量的高低。就此，应该尽力地改善教师的地位待遇，注重教师的个性发展，要尽量地完善教师表彰奖励制度，尽可能地提高教师的福利待遇，学会关心教师的工作和生活，走进教师的内心世界，了解他们的实际需要，尽可能地关注每位教师，从而采用合适有效的教学管理策略，进而激发教师教学工作的兴趣和积极性，通过一点一滴的渗透，让他们养成较强的敬业精神。

4. 强化校本教研

校本教研可以帮助教师更好地进行教学，主要就是引领教师走向科研，提升教师的教学科研能力，而对于薄弱学校来说，校本教研又是促进薄弱学校师资队伍质量提升最重要的途径。因此，作为薄弱学校的管理者，应该加强校本教研，组织教师积极地参与到校本教研活动中，强化他们的科研意识，激发他们工作的积极性。可以从以下几个方面来强化校本教研活动：

（1）尽可能地给教师提供一些关于科研方面的书籍，加强他们理论知识的学习，让其更加熟练地掌握，为提升校本教研能力奠定坚实的基础。

（2）组织开展各种类型的赛课活动，以强化教师的专业理论知识。在实际的教学工作中，学校应积极地组织各种赛课活动，比如：基本功大赛、研究课、公开课以及优秀教学案例等，通过开展这些活动，可以大大地激发教师教学工作的积极性，还能让他们在欣赏其他教师的教学工作时，找到自己的不足之处。值得强调的一点就是，应该把比赛结果列入到教师考核体系中，必要时可以根据实际情况采用奖励的机制，以点燃他们工作的热情，从而更快地投入到教学教研工作中。

（四）考评机制的改革

1. 考核制度改革

一个正确合理的考核制度对于一个学校来说，其作用非常大，尤其是考核制度的核心价值取向将直接决定学校发展的进度。

在实际的教学工作中，由于教育资金、教师队伍等一切因素的影响，部分学校被冠上了"薄弱学校"的名称，如果长时间没有摆脱这一名称，会直接影响学校教师和学生的情绪，这种情况对于学校发展来说，是非常不利的。所以，我们基于这种形势建立完善的考核制度，形成合理的激励竞争机制，尤其是应该根据当前学校的实际发展情况，将所有能用的资源都运用进去，全力调动起教师的教学工作积极性和学生的学习兴趣，形成良好的学校氛围。要让他们知道"薄弱学校"这顶帽子并不可怕，可怕的是没有勇气将帽子取下来。

基于上述情况，作为学校的管理者也应该发挥作用，要学会尊重教师的个性发展，要看到每位教师的闪光点，要学会利用身边已有的资源和条件去激发教师的潜能，提升他们对学校的认同感和归属感，从而让他们自觉、自愿地为学校的内涵式发展贡献出自己的力量，以便于形成一套合理的教师激励机制，为薄弱学校的未来发展奠定坚实的基础。

目前，绝大多数的学校都正在经历岗位设置改革，所以，薄弱学校也应该抓住这次机会，实行全员岗位目标责任制，并且还应该把建设教育质量这一重点工作放在教育建设工作中去，全力实行师德一票否决制度，鼓励教师在教学过程中进行公平的竞争，要将每位教师都引导到教学工作中来，从而提高学校教师队伍质量，为改善薄弱学校的现状奠定坚实的基础。

2. 评价机制改革

健全和完善的教育评价制度有利于改善薄弱学校的现状，可以帮助薄弱学校走出困境，这对于学校未来发展来说是非常有利的。所以，一定要优化评价机制，健全并完善评价机制体系，为促进薄弱学校的快速发展奠定坚实的基础。主要可以从以下几个方面入手：

（1）教育部门应该改变以升学率作为评价学校好坏的唯一标准，而是应该从实际出发，逐步建立一个发展性评价机制，另外，除了强调共性基础之外，教育部门还应该关注学校发展的个体差异，不要一味地以升学率作为学校发展的重要标准，而是应该多给学生提供一些可以发展的时间和空间，要秉持"不比基础比进步，不比发展比提高"的原则，以改善薄弱学校的现状，促进薄弱学校的快速发展。

（2）应建立教师专业评估机制。为了加快薄弱学校的快速发展，应该改变传统的教师评价方式与标准，要将教师发展与学生、学校发展有效地结合在一起，尤其是应该采用过程性教学评价，肯定教职工的工作业绩，提高教职工的福利待遇，应给教职工提供一个更好的发展平台，从而提高教职工队伍质量。

（3）应建立符合学生个性发展的评价体系。在传统的教学工作中，绝大多数的教师都是采用一种传统的评价体系，利用成绩的高低来判断这个学生的好坏，这种方法虽然在一定程度上可以真实反映出当前学生的真实情况，但却非常容易扼杀学生的创造性，削弱学生的学习积极性，而且容易在班集体中形成两极分化的现象，而这种两极分化的现象非但不会提升学生的学习兴趣，而且还容易限制学生的个性发展，致使教学质量迟迟得不到提升。基于这种情况，为了更好地提升教学质量，首要任务就是改变传统的评价方法，学会与时俱进，改革与创新评价体系，要学会站在学生的角度去思考问题，而不再是以学生学习成绩的提高来判断学生的好坏，注重学生非智力能力的提升，只有这样才可以避免因教学评价方法而限制了学生的个性发展，从而进一步提升教育、教学质量。

（五）宣传力度的加强

1. 对家长的宣传

家长作为学校发展中最重要的一个中坚力量，因为家长与学生待的时间最长，是可以帮助教师教学，对于提升教育质量具有非常重要的作用，应该把家长群体这一批人力资源有效地运用下去。

众所周知，如果学校和教师愿意与家长沟通交流，很多思路与做法也非常符合学生的个性特点，家长是愿意与教师一起合作，共同促进学生个性的发展。反之，如果学校和教师不愿意与家长沟通与交流，有些思路和措施不符合学生的发展,家长是不能理解的,或者会持反对的态度。

基于上述情况,薄弱学校应该注意这一问题,要学会维护好在家长中的形象,要积极地与家长沟通与交流,定期地办一些家长开放日、家长会,让家长能够清楚地了解学生在校的表现情况,这样可以让家长感到温暖,感到有归属感,会更加放心地把孩子交给学校、交给教师,当然,有了家长的助力,教师在采用任何策略和方法时变得更容易一些,这对于学校的发展来说是非常有利的。

2. 对社会的宣传

当然,有了家长的助力还是不够的,还应该有来自社会的助力,因为社会的力量是非常巨大的。

作为学校的管理者或者领导者,应该协调好学校与社会的各种力量,要学会利用多种渠道把薄弱学校改造的思路、措施、成就和经验以及所面临的各种困难和新情况、新问题等,应正确地加以宣传,只有不断地努力,与社会各个力量建立良好的社会关系,从而将社会的各种力量都集中起来,这有利于薄弱学校的发展。

3. 对内部的宣传

薄弱学校的发展也需要内驱力的助力,也就是学校的内部力量,除了外界的力量,学校内部的力量对于薄弱学校的发展来说,也是非常重要的。

众所周知,学校的主体是教师和学生,如果将这两者的力量完美地结合在一起,调动起他们的主观能动性,会营造良好的学校氛围。然而,与普通学校相比,薄弱学校的教师和学生十分缺乏自信心,这是因为看到薄弱学校的发展现状,让他们对前途感到非常的迷茫,作为薄弱学校的教师纵使想努力工作,想全力改善学校的现状,但却因为种种的原因导致教师的自信心和积极性越来越低。作为薄弱学校的学生也与普通学校的学生在学习能力方面相比也欠缺一点,致使教育质量低下。

基于此,为了改善这一现状,必须加强对内部的宣传,激发教师和学生对于学校的自信心,让他们都有机会参与到学校发展工作中来,让他们有参与感。对于教师,学校管理者应定期地与他们谈心,了解他们的内心真实想法,急他们所需,帮助他们解决在教学中所遇到的问题和困难,必要时可以采用奖励的方式,以激发他们的积极性,为教育教学的开展工作奠定坚实的基础。对于学生,学校管理者除了要求教师多了解学生,还应该定期地开展一些开放日、主题班会,或者利用网络设置一个开放的 QQ 群,供学生发表意见,通过了解学生的真实想法,进而展开工作,有利于工作效率的提升。

(六) 教育教学质量的提升

加强宣传力度属于一种外在力量,而提升教育教学质量属于内在力量,是可以从根本上改变薄弱学校的现状,帮助学校发展,可以让教师、家长、学生看到学校的发展,从而认可学校的决策。

1. 树立意识

要想更好地提升教育教学质量,学校的管理者应该将学校的全体职工错误的观念和意识慢慢地转变,要抓好教育教学质量作为学校发展的中心工作,要将所有的工作重心都放在教育教学质量提升方面。

但在以往的薄弱学校发展过程中,绝大多数的学校管理者的意识和观念都不正确,没有意识到教育教学质量的重要性,尤其是有些学校管理者认为提升教育教学质量并不是一朝一夕就能完成的,是一个长期的工作,但又为了让其他人看到学校的进步,就会把工作重心放在一些可以短期就能实现的工作项目中,严重忽略了教育教学质量,从而造成本已混乱不堪、方向不明的老师被牵着鼻子干些无关紧要的事情,力求改变薄弱学校的现状,这种方法虽然在一定程度上可以立马见到效果,会在某一个领域中做出不错的成绩,但还是无法改变薄弱学校的命运,学校的情况并没有得到明显的改善。

教育教学质量是学校发展的根本,要将教育教学质量放到重心工作上,要将所有工作的展开都与教育教学质量挂钩,用教育教学质量来说话,这样一来可以增强教师的主观能动性,二来也可以在社会中树立良好的形象,从而让薄弱学校走向发展的道路。

2. 注重过程

当然,众所周知,教育质量的提升并不是一蹴而就的,不是短时间就能完成的,是一个长期的工作,是需要我们脚踏实地去做,一步一步地来完成,只有脚踏实地,一步一步地完成,才能促进教育质量的提升。目前,就实际工作情况来看,课堂教学是提升教育教学质量最重要的主阵地和主渠道。课堂教学的步骤主要有备课、讲课、辅课、考试等。只有将课堂教学中的各个环节都考虑进去，才能取得不错的成就。

3. 讲究方法

提升教育质量最重要的还是需要合适有效的方法，一个合理的方法是可以有效地提升课堂教学质量。教学方法包含教与学两个方面，都要适应不断发展的教育实践。详细来说，上课之前，应该采用先分析，梳理思路，上课应该先用一些学生感兴趣的内容，激发学生的学习兴趣，让学生更快地融入到课堂教学中。在上课的过程中，教师还应该根据学生在上课的情况，抓准时机，灵活运用教学方法和手段，会收获非常不错的教学效果。在上课结束之后，教师还应该根据实际的教学内容和学生的实际发展情况，为学生布置一些灵活性的作业，可以巩固学生课堂上学习到的知识，有利于增强学生的学习能力。

总的来说，在进行教学的过程中，教师应该注意教学形式的灵活性，学会与时俱进，注意教学内容的有趣性，教学方法的合理性，以更好地提升课堂教学质量。我们应该知道，学生不仅仅是一个求知的个体，应该是一个独立的生命体。

4. 关注结果

对于普通学校来说，注重过程比注重结果要更重要一些，尤其是随着素质教育改革的不断深入，在对于追求教育结果方面变得稍微暗淡一些。但对于薄弱学校来说，应该在注重过程的基础上不能忽视对结果的关注，这是因为薄弱学校在发展的过程中，周期性较长且所遇到的困难也远比普通学校要多得多，当然，采取的措施与方法也相对来说非常复杂，所以，在注重过程的基础上还应该注重结果，这样有利于点燃全体教职工以及全体学生的热情。因为每一次的结果，都会起到鼓舞薄弱学校师生的士气，有利于营造良好和谐的教学氛围。所以，对于薄弱学校来说，应该注重结果。

四、薄弱学校改进与校长领导力的相互关系

在进行薄弱学校的改革过程中，校长作为学校的管理者应该承担起责任，主要工作内容有：学校的领导、学校的管理、学校的发展以及学校的教育教学功能。详细来说，校长作为学校的领导人，除了对学校发展的总目标有一个明确的

认识,还应该有能力引导全体教职工、全体学生积极地参与到薄弱学校改革中,将全部的力量都集中起来,以加快薄弱学校的改革进度。众所周知,学校的第一功能就是教书育人,促进学生的全面发展,所以,校长也应该做到以身试教。普通学校的发展是这样,薄弱学校也应该是这样的,应该付出更多的努力和辛苦,以适应更加复杂的社会环境,要帮助学校走出困境,从而走向成功。

校长的能力如何对于学校的发展起着决定性的作用,校长在办学的过程中通过明确本校办学目标、办学思路,并在教师与家长助力之下,更好地完成教学目标,提高学校教育质量。尤其是当作为一个薄弱学校的校长,在面临诸多困难与问题时,应该如何发挥领导力?校长的领导力与薄弱学校之间是什么关系?

(一) 校长领导力是薄弱学校改进的关键

校长是一个学校发展不可获取的主体力量,是学校发展的领导者,所以,必须担任此责任,通过不断的努力与发展,以促进学校的发展。

就目前的教育情况来看,薄弱学校面临的困境大多都是相同的,但导致问题的形成原因却有很多,如果不根据实际的教学情况采用合适有效的解决策略,势必会适得其反。所以,在实际的教学管理工作中,如果照搬照抄其他学校的变革模式,管理策略,不但不会解决本校的现状,有可能还会产生非常大的负面影响,这就对薄弱学校的校长提出了更高的要求。薄弱学校的校长,应该多多研究薄弱学校的发展现状和发展历史,学会找到薄弱学校中所存在的问题和不足之处,然后结合本校的实际发展情况适当地借鉴一些优秀学校的经验,最后根据自己的办学实际设定自己的战略发展目标,并采用合适有效的解决策略,从而适当地调整学校发展目标,进而达到改善薄弱学校的现状的目的。

薄弱学校在改革与发展过程中,还是缺乏一名极具聚合全部力量的校长,不能够将教师个人的发展与学校发展目标有效地结合在一起,无法让学生家长对学校的发展产生信任感、认同感,无法让相关部门对学校重点关注,也不能让社会舆论对薄弱学校的推进产生积极的作用,致使薄弱学校的情况得不到改善,还让学校停留在传统管理上。基于这种情况,校长作为这一环节的中间纽带,作为学校的领头人,应该协调各种社会关系,维护好学校与社会之间的关系,只有将所有的社会力量都集中在一起,才能让薄弱学校有进一步的发展,摆脱弱校状态是迟早的事情。

(二) 薄弱学校改进是校长领导力发挥作用和提升的重要平台

在进行薄弱学校改进的过程中，校长应该知道，自己是学校的首席执行者，也是学校的领导者，但却不是一个独裁者、专制者。而权利分享作为目前社会发展的必然要求，社会发展中所形成的产物，权利分享主要内容就是要求校长不能包揽学校的所有事务，应该将所有工作事务都进行分权管理，要让学校的教师和学生都有参与感，都能参与到推进薄弱学校的工作中来，这样的分权工作对于激发全校师生工作兴趣、学习兴趣都具有非常重要的作用，当然，也是对他们能力的肯定。学校的发展本来就是一个循序渐进、不断发展的过程，每一次的成功都是下一次的起点，只有不断地探索，才能更快地进行转型。所以，要想更好地实现转型，校长就应该将全体师生的积极性都调动起来，通力协作，坚持不懈，要将师生的潜能都激发出来，以及给他们提供更多的交流与思考的时间与空间，他们得到的机会越多，发展的空间也会越大，当然推进薄弱学校的发展也越快。其中，校长的领导力最好的表现就在于为学校内所有的人员提供了更多的机会与空间，能够让他们在这些机会中更好地表现自己、提高自己。当然，学校有了发展，校长领导力也会相应得到提升，这对于学校来说是非常有利的。

第二章 "弱校"的现状及其成因

第一节 "弱校"的现状

随着教育改革的不断深入,我国的各级政府开始关注薄弱学校,制定了一些扶持政策,给予了一定的政策基础和物质基础,以改善当前薄弱学校的情况,保证教育质量,加快我国教育改革的速度。虽然有了各级政府的"加持"与帮助,但由于历史遗留下来的问题影响,薄弱学校的问题难以解决,还是存在很多的问题。主要体现在以下几个方面:

一、思想认识不到位

众所周知,思想是实践活动的前提条件,只有思想到了,才能开始行动。然而,在现实的教育实践中,不管是教师的思想认识不够到位、不够正确,就连全社会人民都对教育思想认识存在一定的误区,精英主义思想占了绝大部分。精英主义思想大概内容是,好学生就应该上好学校,好学校就应该收好学生,好学校就应该得到政府的大力支持。目前,表现得最为突出的是,部分地方领导人非常看重教学效率,哪所学校的教学效率好,就把哪所学校当成当政的"形象工程"给予重点关注和偏爱,教学资源的发放方面,存在非常大的不公平性,对当前的薄弱学校置之不理,从而导致薄弱学校的教学效率越来越不好,当然,得到的关注也会越来越少。这些教育思想显然是不利于薄弱学校的发展，也不利于教育改革的深入，严重影响了教学效率的提升。

另外，还有部分人不会抓住薄弱学校的闪光点、优点，只是用一种错误的思想认为，薄弱学校没有继续发展下去的必要，是无法改造好的，是不能变成"重点学校"的。

而对于薄弱学校自身来说，绝大多数的教师都已经对学校失去了信心，自甘堕落、不思进取，更没有一个"变好"的决心，认为没有发展的必要了。一些学校非常依赖外力的支持，不思进取，只是靠着国家政府的帮助，完全丧失了自我团结奋斗的内在基点，这样的学校显然会被社会所淘汰。还有一些学校非常重视办学的条件，盲目认为只要办学条件好，就能扭转局面，忽略了人才的培养，只有办学条件，没有良好素质的教师队伍，是无法开展教学。教师才是开展教学活动最重要的组成部分。值得强调的一点是，一些学校在办学思想上还存在的问题——应试观念已经深入人心了，永远关心学生的学习成绩，对实施的素质教育的认识严重不足，仅仅抱着传统的教学模式和管理模式，故步自封，严重缺乏一个敢于奋斗、敢于拼搏的心。当然，这样也就无法形成自己的办学特色，自然而然会被这个社会所忽视。

二、资源配置不到位

资源的充足和合理的配置不仅有利于激发薄弱学校教师工作的积极性，还有利于学校的改革。而目前有些学校不能进行改造和发展，最重要的一个原因是，当地政府没有制定出相应的政策方针，没有给予一定的物质资源作为支撑。近几年，各个地方政府都非常喜欢搞一些重点学校、示范学校，以加大当地的教学效率，所以，乐此不疲地投入大量的资金、人力以及物力，尤其是把一些本应该投入到薄弱学校的物质，也转投于创办的重点学校，致使很多的薄弱学校无法得到更好的教育资源，从而造成办学条件的两极分化。这种错误的办法，会让薄弱学校的老师对薄弱学校的改造和发展失去信心，使得薄弱学校的教育质量越来越低。比如，在20世纪90年代中后期，我国为了更好地落实义务教育，控制择校等一些教育腐败问题，已经命令禁止各地政府在义务教育阶段搞一些重点学校、示范学校的工作。但随着教育改革的不断深入，这个禁止令没有起到实质性的作用，社会上开始出现重点高中、星级学校等。尤其是在创办精英学校、重点学校时,各个地方政府开始向这些学校输送大量的资金、设备以及教师人才等,而这时的薄弱学校就处于一个"无人管""无人理"的阶段,这就导致,薄弱学校的教师在教学的过程中很有可能因为教学设备过于落后,或者根本就没有教学设备而导致教学活动无法顺利地开展下去。即使在国家政策方针之下,薄弱学校得到了一些教学资源,但也是最低档次的标准,这就导致"强者越来越强",而薄弱学校就会越来越"弱"。

目前,在资源配置方面最大的一个问题是,校长和教师的配置不够到位,存在一些缺陷。薄弱学校的改造是一个长期且艰巨的过程,需要一个教学素质强、教学水平高的领导班子来凝聚其中的力量,积极地面对在改革中所存在的问题,要一步一步地将薄弱学校引入正轨。但现实却不是这样的,薄弱学校的领导班子配备非常不到位。一些学校首先是上级没有选配一个德才兼备、内外兼修的好校长,如果一个学校没有一个好校长、没有一个好的领路人,则无法给学校的改革与发展注入新的血液。另外,学校的领导班子力量不够,教学素质弱、教学能力低下,尤其是思想意识过于落后,无法形成一个坚强的战斗堡垒,从而导致薄弱学校无法形成一个团结而有力的集体,缺乏一定的凝聚力。尤其是有一些思想观念腐朽的领导人在学校改革中,非但没有起到关键性的作用、奉献出力量,还会成为学校改革中的一块绊脚石,不利于学校的改革,还会让学校越来越弱。

另外,一些薄弱学校的教师教学素质、教学能力不够完善,还处于一种不想学习的状态,有一种"当一天和尚撞一天钟"的感觉,工作积极性不高,在教学工作中打诨,完全没有把改革学校的工作放在心上。

三、教育管理体制变革不到位

除了经济原因外,形成薄弱学校的一个根本原因是原有教育体制不合理,改造薄弱学校必须深入到教育管理体制问题。"国民教育体系是否比较完善和具有现代特征,归根结底要看人民享有接受良好教育的机会实现程度。"① 比如,教育投入体制、招生体制、管理和评价体制等,都是有利于薄弱学校发展的,都是促进薄弱改革的保障。尽管在国家政府的严厉排查之下,薄弱学校得到了一定的帮助,但还是存在一些问题,缺乏教育体制的保障,这种治标不治本的办法很难

---

① 国家教育发展研究中心.2000年中国教育绿皮书[M].北京:教育科学出版社,2000.

提升薄弱学校的教学质量。比如：目前的义务教育开始实行就近免入试入学的政策，但部分学校至今还是根据学生的升学考试成绩，将学生进行排次，然后又分为三六九等依次录取，待重点学校把"好"的学生录取完了之后，然后轮到普通学校，最后才是薄弱学校，这种以成绩来划分的学校，会让薄弱学校的生源素质无法得到进一步的改善。与此同时，一些地方政府会鼓励教师到薄弱学校任教，虽然这种做法对薄弱学校的发展是十分有利的，但却没有进一步地提升教师的工资和福利待遇，这会大大地降低教师的教学积极性，还会让部分教师打退堂鼓，不愿意在薄弱学校工作。

在评比薄弱学校教育质量上，相关教育部门并没有采用一个合适的评价机制，针对性不够，喜欢把"重点学校""典型学校"与"薄弱学校"放在同一标准进行衡量，并没有对"薄弱学校"采取针对性的评价机制，这种不够科学合理的评价机制，是无法真正反映出薄弱学校教育质量的，还容易挫伤薄弱学校教师工作的积极性，这对于开展教育教学工作是非常不利的，特别容易影响教育教学的效率。

尤其是近几年，教育部门在对教职工福利待遇、教育经费、教育资源方面都过于偏移"重点学校""典型学校"，这种无意识的偏移会给学校和社会造成一种严重的误导，认为薄弱学校就是"弱"，与其他学校相比，薄弱学校远不及，从而更多的教师和家长都不再关注薄弱学校，致使薄弱学校受关注程度越来越低，社会地位越来越弱，严重影响了薄弱学校在社会上的影响力。

四、措施落实不到位

改造薄弱学校不是一蹴而就的，是需要长时间的改革与实践，是需要拿出真正的实力，需要注重的是改革的实效。没有实际效果而仅有一些形式上的表现是无法真正促进学校的发展的，还容易让薄弱学校的教师失去兴趣。

当前，绝大多数的薄弱学校为了让教育部门看到成果，过于注重形式，表现功夫做得太强，摆花架子，并没有将改革内容落到实处，常常因为获得了一点成就而沾沾自喜，大力吹捧，就此为维护学校形象，让更多的人认识薄弱学校。除此之外，在对薄弱学校进行改革的过程中，他们对"改薄"的切实有效的政策、典型以及措施并没有采用认真对待的态度，尤其是对于一些贯彻下来的政策并没有落到实处，将政策流于形式，无法发挥出更大的作用，这种不认真的态度，让改革薄弱学校的脚步越来越慢。

虽然近几年我国已经逐渐实现了素质教育，但还是有部分学校仍然坚持搞应试教育，主要体现在：在课程的设置上，表面上是按照国家的规定，将全部的课程都开设了，但对于一些非文化教育如音乐、体育、计算机、美术等课程来说，只是一个形式而已，只是为了应付上面的检查，纵使有课程，还是会被其他任课教师所占用，并没有将这些课程的作用发挥出来。还有一些学校甚至把学生分成了三六九等，成绩好的学生放在一个班级、成绩不好的学生放在另一个班级，将差生全部集中放在一个班级，这样的划分严重挫伤了学生的自尊心，还有可能因为这样，让学生失去了对学习的积极性，不愿意再学习。

除此之外，还有一些教师面对改革中的阻力，过于缩手缩脚，缺乏应有的气魄和力度，改革三分钟热度，缺乏坚持下去、与困难抗争到底的决心。

近几年，各当地政府也会给薄弱学校的教师提供一些学习与进修的机会，但绝大多数教师都处于一个走马观花的状态，并没有抓住其他学校的成功秘诀，只会囫囵吞枣、照葫芦画瓢，并没有根据学校的自身情况合理运用，致使教育质量无法得到保证，有一种东施效颦的感觉。这种"走过场"式的态度，不仅不会改善薄弱学校的现况，而且还会让薄弱学校的情况越来越严重，非常不利于薄弱学校地发展。

就目前的发展趋势看，我国有部分学校在学习西方教育模式，但由于教师没有掌握到西方教育的精髓，借鉴西方教育者的教育模式，比如给予学生一定的自由，从而在课堂教学中教师只讲10分钟甚至只讲4分钟，然后让学生自由发挥，教师并没有从旁辅导。这样的方式是不行的，会导致教育效果越来越差，与此同时还会使学生的自我约束和自我学习能力越来越差。实际上，西方国家主要讲究的是"精讲"，教师把一些非常困难且精辟的知识点讲授给学生，然后给学生留一些时间用于浅显知识的理解和攻破，并在学生旁边进行辅导和帮助，当学生感到疑问或者学生不懂的地方，给予适时的建议。在此过程中，既让学生掌握了更多的理论知识，还培养了学生自主学习的好习惯，学生的学习效率提高了，教学效率自然而然也就提升了。

五、过于强调课堂教学

薄弱学校在提高教学质量的过程中，在如何提高45分钟课堂教学的有效性上做足了文章，但在课外活动方面仍有待加强。

学生多样性和多方面的发展，尤其是创新能力和实践能力的发展，仅仅依赖课堂远远不够。课外活动不仅仅是课堂教学活动的延伸和补充，也是促进学生发展的另一个不可忽略的重要渠道。课外活动是实施素质教育的一个重要组成部分，有利于培养学生的独立意识，提高学生的适应能力，发展学生的特长，提高学生的创造力。过于关注课堂教学，忽视课外活动的有效开展，不利于学生全面和谐地发展。

六、强调教材，忽视课程资源的开发

有些薄弱学校的课程几乎全为国家课程，课程结构单一，校本课程等课程资源开发有待提高。

基础教育课改确立了三级课程管理体系，使基础教育阶段的课程结构体系更加丰富。地方课程、校本课程作为国家课程的有益补充，对于促进学生全面而个性的发展具有重要意义。在调查的几所薄弱学校中，有的学校无论是课堂教学还是学生自学均是以国家课程为中心。

由于我国目前的考试制度仍具有强大的筛选功能，薄弱学校在发展的过程中，对升学目标的追求不可避免，由此导致了这些学校极为重视国家课程，对知识性目标的追求十分突出。在当前的教育大背景下，这种追求无可厚非，但兼顾学生的个性化发展和社会化成长，促进学生心理、个性、情感等方面的和谐发展也是不能忽视的。

七、统一的教学模式导致教师思维模式的趋同化

《教学模式》的作者乔伊斯认为，"所谓教学，就是创造由教育内容、教学方法、教学作用、社会关系、活动类型、设施等组成的环境"。"这些要素是彼此相互作用，规定着教师的行为的。"所谓教学模式就是创造这种环境的方法。①由于涉及众多因素，教育模式的好与坏并不是绝对的，而是相对于具体的教学内

---

① 钟启泉．着眼于信息处理的教学模式——现代教学模式研究札记之一［J］．全球教育展望，1984（1）：16.

容、教学任务和教学对象而言的。任何一种模式，其效力的发挥总是有条件的。在教学中采用统一的教学模式，认为其适应所有教师、学科、学生是不科学和不现实的。统一的教学模式在学校教学中的实施和普及，容易导致机械教条地运用固化的教学模式，造成教师教学独特性的缺失。

第二节 薄弱学校形成的历史成因

我国基础薄弱学校的形成有着极为复杂的历史原因和现实原因，从大的方面说，主要有两个方面，即外部原因和内部原因。

一、外部原因

（一）教育资源分配的不均

教育资源是一个学校发展最重要的要素之一，其地位不言而喻。教育资源非常多，但为了更好地认识它，可以将其分为物质资源和人力资源两部分。教育资源主要包括：教学场地设施、教育资金、教学设备等。人力资源主要包括：教师、领导班子以及学生。由于城乡差距过大，导致教育资源配置不够合理，使得教学工作质量难以提升。众所周知，新中国成立以来，走的是一条以牺牲农民利益来快速发展工业化国家的道路。自从改革开放以来，虽然有一部分农村地区已经和城市一起加入到富裕的地区当中，一部分农民也率先进入富裕者行列，但其在教育投入中的比例仍然偏低，而且近来下降趋势越来越严重。其次，重点学校和薄弱学校之间的差距越来越明显。绝大多数教育部门在投入教育资源方面上观念还是有点偏差，认为应该将教育资源放在重点学校中，而在薄弱学校方面，教育资源却显得非常微妙。也就是说，重点学校在争取教育资金、教学设备设施等方面占有非常绝对的优势，当然，在人力资源分配方面也占有很大的优势，因此，绝大多数的家长为了让孩子上重点学校不惜交昂贵的择校费，薄弱学校的地位受到了严重的威胁，获取的资源越来越少。教育资源若不能按照科学的程序和制度进行公平的划分，必然会阻碍薄弱学校的改革进度。

（二）家长重视程度的差距

单纯地靠学校教育、社会教育来促进薄弱学校的改革是不行的，收获的效果也不尽如人意，众所周知，父母是孩子的第一任老师，父母与孩子待的时间最长，父母的行为、语言、表情等都是孩子学习的榜样，如果在日常生活中，父母做好了第一任老师的责任，用正确的语言、动作去影响学生，从一点一滴做起，长此以往会帮助孩子养成良好的学习习惯、生活习惯。这对于开展学校教育来说，是非常有利的，因为受到良好家庭教育的在品行、学业等方面普遍变得较为优秀，反之，如果没有良好的家庭教育，会给教师增加太多的工作难度。

就教育工作实践来看，薄弱学校在产生的过程中，大部分的原因都是因为生源质量差异过于明显，与重点学校相比，薄弱学校的生源质量稍显不足，而导致生源质量差，家长有着不可推卸的责任。

（三）地理人文环境的差异

薄弱学校产生的最大原因都是来自地理位置的差异，众所周知，薄弱学校大多都位于城乡接合部或较为偏僻的区域，自然环境、人文素养以及政府规划重视程度等方面都与其他学校有很大的差异性，由于偏僻的地理位置，使那些条件好的学生不愿来，即使有些学生被计入到同片区也会极力选择其他学校，不愿意在薄弱学校上课，从而致使薄弱学校的生源质量得不到改善，生源的情况迟迟没有得到提升，当然会直接影响薄弱学校的改革进度。再加上偏僻的地理位置，交通工具稍微显得有点稀缺，这给薄弱学校教师的教学工作带来了很大的难度，致使薄弱学校中大量教师不愿意长期留校从教，流动性非常大，从而导致薄弱学校的师资队伍质量得不到保证。

（四）社会声誉的难以改变

口碑不是一朝一夕就能形成的，是需要一点一滴逐步积累的，众所周知，冰冻三尺，绝非一日之寒，何况"薄弱学校"之名早已经在社会和家长心中根深蒂固，短时间内很难消除社会对薄弱学校的观念，他们都是戴着有色眼镜去看待薄弱学校，致使薄弱学校在社会中的定位越来越低，纵使薄弱学校中的管理者和教育者做出了许多的努力，但却很难得到社会的认可与评价。尤其是，在改革与发展的过程中，只要出现了一些小的问题，就将其扩散百倍甚至千倍，就连以前获得的成绩都会被抹杀掉。

（五）生源薄弱且极不稳定

学生是学校教育的对象，也是学校的主体力量，学生数量的多少、生源质量的高低都可以直接反映出学校的好坏。生源质量的薄弱使得薄弱学校从基础年级开始，就与其他学校拉开了距离，也就是说，薄弱学校从一开始，就已经输在了起跑线上。

随着经济的不断发展，大部分的父母都会选择将自己的子女带上一起，因而外来务工人员子女的数量越来越多，但由于受经济体制的约束，他们极少数能在本地买房，基本上都是选择租房，故而，他们的子女也大多集中在这里，当然，薄弱学校生源情况也会受其影响。

总的来说，经济发展十分迅猛，外来务工人口日益增多，子女上学也随之而来，一旦当地发生经济危机或者经济滞缓，那么这些外来务工人员势必都会转移到其他城市去。而他们的子女也要面临转学问题。薄弱学校生源流失的现象在此经济生态链条中凸显严重。生源的薄弱且极不稳定性，势必成为薄弱学校发展中的又一大障碍。

二、内部原因

（一）教育教学质量低下

教育教学质量是学校的生命线，是判断一个学校办学成果的重要标志之一，关系着学校的生死荣辱。一个学校若没有较高的教育教学质量，难以取得家长群众的认可，难以在社会上立足。薄弱学校之所以薄弱，关键的因素之一是教育教学质量低下，而这种偏低的状况在短时期内是无法轻而易举转变的。由于生源质量低、流失快，入学时生源的状况就存在着明显的差距。加之家长的文化程度、监管力度的差异，教师长期以来对追求教育教学成果自信心的缺失，传统教育教学观念的束缚，学校办学思想、办学理念的举棋不定、朝令夕改，学生的非智力因素的开发受到制约，学生主体地位得不到改善，学生的学习兴趣得不到培养，学生的学习空间、思维空间得不到拓展和挖掘，学生的学习潜力得不到激发，故教育教学质量得不到提高。

(二) 教师队伍良莠不齐

教育大计，教师为本。一个好学校，应有一批好老师。一个国家和地区的教育水平，根本上取决于其教师队伍的整体素质。人民群众对教育事业的满意程度，社会团体对教育事业的认可程度，也更多地取决于教师队伍的整体素质。薄弱学校的教师队伍更具有复杂的"悲剧性"。主要表现在以下几个方面：

(1) 新分配的学历高、能力强的教师不愿意来薄弱学校，即使有新分配的教师也过于年轻，尚无丰富经验可言，暂不能成为改造薄弱学校的主体力量。

(2) 教学经验丰富、业务水平高、责任心强的教师，学校留不住，名师、骨干流失严重。

(3) 责任心弱，业务水平低，师德素养差的教师辞不掉，"当一天和尚撞一天钟"。

(4) 从外地聘请回来的优秀教师不了解本地区本学校的区情或校情，用不好，其中的部分人群还没有做出什么实际的贡献，反而要求高待遇、高福利。

(5) 教师队伍中还存在极个别群体散布与学校发展不实的言论，甚至诋毁努力工作积极上进的教师成果，逐渐形成教师队伍中的歪风邪气。这是薄弱学校致命的弱点，也是阻碍薄弱学校前进的绊脚石。

(三) 领导者的自身素养

俗话说："一个好校长就是一所好学校。"优质学校之所以能名扬天下，除了得益于较好的外部环境和足够的资金投入外，更重要的是有一位对教育事业执着追求，具有先进管理经验、高瞻远瞩的教育思想及充满人格魅力的好校长。校长能够充分挖掘、合理利用、整合一切教育资源，恰到好处地激发全体师生的学习、工作的最大潜力，最终形成自己的办学特色，并将教育优势达到最大化。可惜的是，这样的好校长在实际工作生活中并不多见，像洋思中学、杜廊口中学的崛起与变革简直是凤毛麟角。薄弱学校在其改造和发展过程中，领导者虽然可能几经变更与历练，但由于自身条件和外部环境的影响，最终都难成大器。有的领导者抓住教学这一中心工作不放松，急功近利，急于求成，忽视教育教学规律，过分关心名次、数字、速度，一味地要求"脱皮掉肉谋发展"，最终是消磨了斗志，摧残了生命。还有的领导为了摆脱薄弱的现状，不做调查与研究，不寻症结与根源，片面地追求特色教育，欲借特色之路摘掉薄弱之冠，完全忽略学校实际，最终将学校办成了"四不像"，使薄弱变得更为薄弱。更有甚者，将薄弱学校的任期作为跳板过渡的平台，只做"蜻蜓点水"之人，"雾里看花"之功，不下实际功夫，更多的是围绕在上级周围，周旋在人情世故之中，辗转于灯红酒绿之下，这样的领导者更是误人误事，贻误万年。党和国家领导人提到："作为领导者面临着懈怠的挑战、改革的挑战、发展的挑战，更要抵制住竞争的考验、功利的考验、名欲的考验。"教育领导者更是如此。

(四) 机制与体制不合理

追究薄弱学校的产生原因，制度的缺失是根本。主要有两个方面的问题：

(1) 上级领导部门传统的评价体系存在一些不足。过去上级教育领导部门对学校的评价往往局限于最终的考试结果或是一年一度的考核结果，从评价标准的制定、实施到检查，再到最后的结果，选用的是终结性综合评价机制，评价学校时轻投入、重产出，不同条件、不同起点的学校用同一个标准来衡量。导致很多学校临时应付，甚至编造假档案，学校忙于应付，对自己的办学目标、办学方向茫然无措。这样的评价机制为学校的发展设置了许多条框，不仅束缚学校的自主发展，也为学校的发展提供了错误的导向。

(2) 学校内部的管理机制还不够完善，适应素质教育要求的一整套关于学校和个人的评价制度还远没有真正建立起来。学校缺乏具有活力的激励竞争机制，教职工的积极性没有调动起来，自信心得不到激发，辛勤劳动得不到相应的回报，思想上难免有波动，行动上难免迟缓，业务上难免下降。薄弱学校的发展势必陷入恶性循环的怪圈之中。

(五) 师生自信心的缺失

自信心是一种反映个体对自己是否有能力成功地完成某项活动的信任程度的心理特性，是一种积极、有效地表达自我价值、自我尊重心理状态。当一个人拥有自信心之后，原本不能轻易解决的问题也能在不经意间迎刃而解，尝到成功的滋味。信心源自于实力。薄弱学校的实力差，使得薄弱学校的师生在社会中信心严重缺失。薄弱学校的学生脸上没有自信、阳光的笑容，更多的是木讷、呆滞、面无表情，他们放学后羞于穿学校的校服，在学校里遇见老师或者外来宾客时也羞于问候。上课时他们有自己的见解但不敢发表,即便他的答案是正确的,理由是充分的,但回答的声音也是微小的,节奏也是吞吞吐吐的,源于他们内心深处的自卑。薄弱学校的老师也曾努力奋斗拼搏过,但几年下来成效甚微,他们开始安于现状、怠散。在日趋激烈的校际竞争中,他们屡屡战败,频频失利,自信心严重受挫,当别人问起"你在哪所学校当老师"时,他们往往委婉、搪塞,逐渐畸形的自尊心让他们努力隐瞒自己薄弱的现实。老师说学生"朽木不可雕""孺子不可教",学生说老师"误人子弟""残害生灵",脑子里推来推去,肚子里怨来怨去,薄弱学校的改造与发展危机重重。

第三章 从弱校精准帮扶探小学校长的课程领导力

第一节 小学校长的课程领导力概述

一、校长领导力的提出

校长领导力的提出与企业界领导力研究的蓬勃发展密不可分。领导力是一个源自企业界的概念。研究者们发现,在国家政策、社会背景、技术实力、行业环境等诸多方面相似的情况下,企业间发展差异的实质就是领导力。领导的不同是各个组织发展不同的主要原因,领导力的提升是组织获得发展的主要动力。

学校作为公民接受系统教育的社会组织,其发展对于国家和个人的重要性都是不言而喻的。伴随着知识经济时代的到来,学校教育质量的改善更是越来越受到社会各界的关注。20世纪80年代以来,在世界范围内,人们已将改善教育质量的重点从教学方法的改善、加大资源投入,转向学校组织层面的提升上。[①]

综上我们可以得出一个结论,即校长要胜任如此众多的工作角色,如果没有

---

① 冯大鸣. 美、英、澳教育管理前沿图景[M]. 北京:教育科学出版社,2004.

强有力的领导力作支撑,很难推进学校的发展,特别是在当前学校教育处于大变革的时代。

二、校长课程领导力的内涵

领导力是决定领导者领导行为的内在力量,是实现群体或组织目标、确保领导过程顺畅运行的动力。一般来说,领导力可以被形容为一系列行为的组合,这些行为会激励人们跟随领导者做应该做的事,而不是简单地服从。领导力存在于我们周围,无论是在政府、军队,还是在公司、学校,甚至到一个小家庭,我们可以在各个层次、各个领域看到领导力,它是我们做好每一件事的核心。领导力是所有人类组织的核心竞争力之一。对于学校这个特殊的组织来说,校长领导力也显示了其重要的意义。

校长的领导力是学校发展的一个重要因素,发挥着核心作用,它左右着学校的基本政策、发展方向、管理方式、教学状态等关键方面。按照校长在学校中承担的责任与扮演的角色来作为分类标准,校长的领导力又可以分为道德领导力、教学领导力、课程领导力等。从这样的分类来看,校长的课程领导力是指向课程这一具体工作内容和范围的。

课程是学校提供给学生在学校期间得以获取知识、能力、人格以及学习经历等一切活动的总和。所以,可以把校长课程领导力定义为:校长作为课程领导者,在课程实践中吸引和影响教师及其利益相关者实现改善学生学习品质、促进教师专业发展、提升课程质量的领导品质。

三、校长课程领导力的定位

国际上享有盛誉的香港知名学者郑燕祥教授在1993年综合萨乔万尼等学者的研究的基础上,提出了校长领导力的"五向度模型"。① 五向度模型分别对校长的领导任务进行了说明。因此,以五力模型来考量,课程领导力从属于教育领导力。然而,由于学校管理和校长岗位的特殊性,在校长的诸多角色及其能力要求中,课程领导力通常被认定为校长的核心能力,它集中体现了一所学校的教育

---

① 孙锦明. 中学校长领导力研究 [D]. 华东师范大学博士学位论文, 2009.

教学质量。

四、校长课程领导力的特征

课程领导力是校长领导力的一个重要组成部分，是校长对课程实施领导的过程中带动和影响他人的一种领导品质，贯穿于课程设计、课程实施与课程评价的全过程。校长课程领导力除具有领导力的一般特征之外，还具有一些自身特征，主要表现为以下几个方面：

第一，校长课程领导力是校长课程领导知识、课程领导能力、课程领导作为及课程领导意识在课程领导情境下共同作用的统一体。在校长课程领导力中，校长的个人能力固然重要，而且它也是校长课程领导力的现实内容和基础，但校长课程领导力却不等同于课程领导能力。校长一方面需要整合各种课程领导知识并通过课程领导实践，使这些知识升华为课程领导力，另一方面需要通过课程领导作为应用这些能力从而影响组织目标及其实现过程。其中，校长课程领导知识是课程领导能力的元素和基础，课程领导能力决定着课程领导作为的质量与效果，而课程领导作为又是课程领导知识的主要来源之一。也就是说，如果校长不具有课程领导的意识，也就谈不上课程领导力的提升了。因此，从这个意义上说，校长课程领导力是校长课程领导知识、课程领导能力、课程领导作为以及课程领导意识的统一体，四者之间相互作用，缺一不可。

第二，校长课程领导力是校长行政权力与专业权威的有机统一。权力是行政职位的产物，一个人一旦成为校长，那么这个职位本身就赋予了他很多权力。可以说，权力在某种程度上为领导力的发挥提供了某种便利，当课程改革遇到阻力时，校长可以借助一定的行政权力。但是，校长课程领导力并非附属于职位之上，并不等同于校长职位权力，这是因为课程领导还是一种专业行为。如果校长仅凭其职位和权力而发号命令，课程领导就难以有效实施。一旦校长的命令不被教师所认可，就会招致教师的不满和反对，结果会适得其反。因此，对每一位校长来说，都有一个角色认知、角色转变以及权威重构的过程。校长不应满足于行政权力，还要成为真正的专业权威，唯有如此，校长课程领导力才能真正得以形成。

第三，校长课程领导力是校长与追随者的合力。课程领导是一种合作行为，校长无论多么有天赋，一个人都不可能单独完成课程领导活动。唯一可行的是创建一个优势互补的课程领导者团队，成立包括校长、教师、学生、家长、专家学者以及社区人士等共同组成的课程领导小组，整合各方的观点，通过真诚的沟通而达成共识，自下而上地建构起学校课程发展规划，共同制定适合学校本土情况的课程发展目标，确定课程领导的工作范围和职能。

五、提升校长课程领导力的依据

（一）政策依据——《义务教育学校校长专业标准》

2013年2月4日教育部印发《义务教育学校校长专业标准》（以下简称《专业标准》）。《校长专业标准》是对义务教育学校合格校长专业素质的基本要求，由五个基本理念、六项专业职责和四个方面实施要求三部分内容组成。《专业标准》第一次明确提出了"规划学校发展、营造育人文化、领导课程教学、引领教师成长、优化内部管理、调适外部环境"校长的六项专业职责，体现了提倡"教育家办学的要求"。① 其中，校长的六项专业职责中的第三项就是领导课程教学，如表3-1所示。

表3-1 《义务教育学校校长专业标准》第三项专业职责及其专业要求

专业职责		专业要求
领导课程教学	专业理解与认识	①坚持面向全体学生，因材施教，全面提高教育教学质量 ②尊重教育教学规律，注重培养学生的责任意识、创新精神和实践能力 ③尊重教师的教学经验和智慧，积极推进教学改革与创新
	专业知识与方法	①掌握学生不同发展阶段的培养目标和课程标准 ②了解课程编制、课程开发与实施、课程评价的相关知识和教材、教辅使用的政策以及国内外课程教学改革的经验 ③掌握课堂教学以及教育信息应用的一般原理与方法

---

① 褚宏启. 锦上添花与雪中送炭：校长专业标准何以必要——我国《义务教育学校校长专业标准》的特征与价值［J］. 人民教育，2013（6）.

续表

专业职责	专业要求	
领导课程教学	专业能力与行为	①有效统筹国家、地方、学校三级课程，确保国家课程、地方课程的落实，推动校本课程的开发与实施，为学生提供丰富多样的课程教学资源 ②认真落实义务教育课程标准，切实减轻学生过重课业负担，不得随意提高课程难度，不得挤占体育、音乐、美术及少先队活动等课程的课时，确保学生每天有一小时校园体育活动 ③建立听课与评课制度，深入课堂听课并对课堂教学进行指导，每学期听课不少于地方教育行政部门规定的课时数量 ④积极组织开展教研活动和教学改革，建立完善促进学生全面发展的教育教学评价制度，不片面追求学生考试成绩和升学率

虽然该标准是针对义务教育学校校长，普通小学校长专业标准仍在制定中，但由此可以看出，校长的课程领导作为对校长的一项专业职责要求已经上升到了国家政策层面，因此，校长要以此为依据，切实提升自己的课程领导力，促进自身的专业发展。

(二) 现实依据——校长的课程领导力有待提升

校长作为一个职业群体，需要进行专业引领和职业培训，提高校长们的综合素质与教育管理水平，更新其教育管理理念，使他们逐渐从"经验"走向"科学"，从"长官"走向"专家"，从"管"的状态进入到"理"的追求，进而步入专家型校长的行列。① 然而，正如前文中所提到的，校长在学校管理中要胜任诸多的角色，对内对外忙于应付各种事务。诚如陈玉琨教授曾指出的那样：目前，校长的能力正在发生明显的强弱对比，即组织能力、社会交际能力、沟通能力变强了，而指导课程建设和指导课程教学的能力变弱了，这实在是本末倒置了。②

在我国，小学校长作为课程领导者的角色长期不被重视，人们更多意识到的是校长行政领导者的角色。原因主要有两个方面：

(1) 众所周知，我国小学长期实行的都是全国统一的教学计划、教学大纲和教学计划，学校只需要根据国家规定的要求进行教学，使用统一的教材，完全

---

① 本刊编辑部. 校长专业化与校长培训——陈玉琨教授访谈实录 [J]. 教育发展研究, 2005 (9).
② 肖云, 钱军平. 新课程背景下中学校长课程领导力探究 [J]. 长江师范学院学报, 2012 (8).

不用考虑如何设置课程，如何加强课程设置能力。

（2）一般来说，课程建设主要有四个步骤，分别是课程目标、课程内容、课程实施、课程评价。众所周知，课程目标、课程内容、课程评价都是由国家相关部门制定的，只有课程实施环节是教师完成的。校长在此过程中扮演着承上启下的角色。

课程是学校实现培养目标的基本途径，也是教学中最重要的组成部分。所以，在实际的教学中，校长应该不断地改革与创新自己的课程领导力，要做到既可以上课，也听得来课，也要学会看得出课程的好坏。然而校长在对学校进行课程领导的过程中总会遇到林林总总的问题和矛盾，阻碍着校长的课程领导。正如原云南大学校长、任保山市市长的吴松在回答记者的问题"做云南大学校长和做市长有什么差别"时所说的那样，做校长，你说得再对，教授们也可能说你错了，因为真理是相对的；做市长，你说得再错，他们也肯定说你是对的，因为权力是绝对的。长期以来，我国的校长一直是学校的"一把手"，因此"一把手"文化也在校园中有所体现。然而随着新课程改革逐步进入深水区，更加呼唤着校长从行政角色向专家角色的转换，呼唤着课程领导角色更广泛的管理性和参与性。校长的课程领导力也应当是建立在专业知识和能力之上的，而不是依靠行政的职权或地位。有效的校长课程领导不是表现在工作计划中，而是表现在其课程领导力的践行中。①

六、校长课程领导力的构成要素解析

《上海教育》评论员认为，校长的课程领导力是指校长领导教师团队创造性实施新课程，全面提升教育质量的能力，是一个校级团队决策、引领，组织学校课程实践的控制能力。② 何暄，苗雾阳（2013）提出，校长的课程领导力是指以校长为核心的学校课程共同体在明确的课程思想指导下，以学校建设为目的，构建学校课程框架，创造性地实施新课程，全面提升教育质量过程的能力。③ 上海

---

① Leo H. Bradley. 课程领导超越统一的课程标准［M］. 吕立杰等译. 北京：中国轻工业出版社，2007.

② 《上海教育》评论员. 课程领导力是校长的核心能力——论如何进一步加强与改进小学教学质量［J］. 上海教育，2007（09A）.

③ 何暄，苗雾阳. 小学校长课程领导力提升策略探索［J］. 北京教育，2013（2）.

市教委将校长课程领导力的内涵界定为,校长领导学校全体教师创造性地实施新课程,全面提升教育质量的能力。① 裴娣娜教授指出,校长的课程领导力内涵包括四个方面内容:领导教师团队创造性实施国家课程计划的能力;开发和整合教育资源建设校本课程的能力;指导课程实施的能力;组织学校课程实践的决策、引领和控制能力。② 张世钦认为,校长课程领导力就是指以校长为核心的学校领导团队,在明确的课程思想指导下,通过制定和实施学校课程规划,调控课程管理行为,实施课程目标,全面提高教育质量的能力,即校长在实践中综合运用各类课程资源与灵活实施各类领导而产生的课程改革精神落实的校本推进力。③

综合学者们对校长课程领导力内涵的界定以及收集到的相关资料的理解,可以将校长课程领导力定义为:校长作为具备课程素养的课程领导者,在明确的课程理念的指导下,领导教师团队创造性实施新课程,全面提升学校教育质量的能力。

基于上述对校长课程领导力概念的分析,我们不难发现,校长课程领导力是一种能力,这在学界已经达成共识。但是,校长课程领导力究竟具体体现在哪些能力上呢?是课程计划能力?还是课程控制或评价能力?或是校长的课程领导力还是几种能力的综合力?通过对上述校长课程领导力内涵的分析以及查阅相关文献,并结合校长自身学校课程领导实践工作经验,认为校长课程领导力是一种综合能力。构成校长课程领导力的要素可从两个层面五个维度来界定:第一个层面是思想理论层面,指课程思想引领能力;第二个层面是操作实践层面,包括课程方案规划能力、课程团队建设能力、课程资源整合能力以及课程实施管控能力。

(一)课程思想引领能力

课程思想引领能力是指校长通过强化自身课程素养以及提升对课改精神与思想的理解来引领学校课程思想的能力。校长课程领导力的核心是对课程思想的引领,一所学校的课程发展走向直接取决于校长对于课程思想的判断。课程是学校文化的重要组成部分,课程的价值是多元的。作为校长,要形成自己的课程思想,然后用这样的价值思想去引导学校课程改革和课程建设。教育也罢,课程改

---

① 《上海教育》评论员. 课程领导力是校长的核心能力——论如何进一步加强与改进小学教学质量[J]. 上海教育,2007(09A).
② 裴娣娜. 课程领导力与学校课程规划与设计[J]. 基础教育论坛,2012(10).
③ 张世钦. 论校长课程领导力的构架与建设[J]. 小学教师培训,2013(1).

革也罢,都要有价值思想,教育就是文化的传承,课程改革就是要更好地实现文化的传承,如果失去文化,那么教育所剩的就仅仅是知识的移位和技能的训练。因此,作为带领学校发展的核心人物,校长首先应关注课程改革的价值思想,并以此引领学校的课程建设。只有这样,才能使学校教职员工对新课程改革的思想理念形成共识。

(二)课程方案规划能力

课程方案规划能力是校长结合本校校情,规划学校应设置哪些课程的能力,主要包括规划国家和地方课程的校本化实施以及指导学校校本课程的开发。通过构建重基础、多样化、有层次、综合性的课程结构,让小学生在自主选择和主动学习中实现有个性的发展,是此次新课程改革的基本特征。此次改革的重点和亮点也体现在课程结构及其具体设置上。学习领域、科目和模块构成了新课程的基础结构,这与以往小学课程只是由各个科目组成有很大的不同。"学习领域"这一概念第一次走进小学生的课程表,这些"学习领域"不是具体的"课",而是国家根据社会发展、科学技术进步以及小学生学习和生活的需要,专门设置的各个"学习方向"。这些学习领域规定了小学生应掌握的基本的知识技能,为小学生的终身发展奠定基础。每个学习领域又由课程价值相近的科目构成,其中,技术与艺术是新增设的科目。同时,每一科目由若干的模块组成。不同科目的内容体系不同,科目设计方式也不同,主要有两种构成方式:第一种是必修模块加选修系列;第二种是必修模块加选修模块。

在小学新课程的结构中,国家课程约占70%,地方课程约占20%、学校课程(即校本课程)约占10%,三级课程管理政策的制定与实施是为了增强课程对学生的适应性①(见图3-1)。然而课程结构设计再合理、课程具有再多的选择性,如果没有得到学校一级的真正落实,那么一切都是空谈。因此,如果说课程领导力是校长领导力的核心的话,那么课程方案规划能力就是校长的课程领导力的核心。如何根据课程结构具体设置符合学校自身特色与资源优势以及学生学情的课程方案,就成为校长进行课程领导的重中之重。课程方案的制定是学校新课程顺利实施的重要保障。

---

① 陈明宏. 校长课程领导的研究[D]. 华东师范大学博士学位论文, 2013.

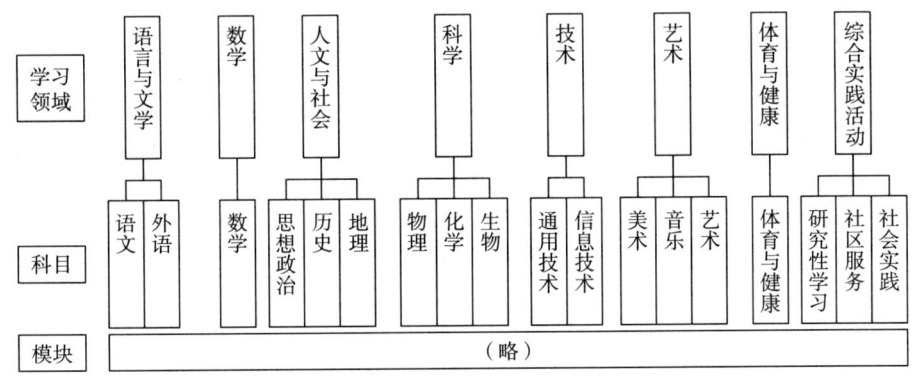

图 3-1 小学新课程的整体结构

（三）课程团队建设能力

课程团队建设能力是指校长通过专业引领，采取一系列措施以加强教师课程团队建设的能力。如果将课程比作乐谱，校长和教师比作一个交响乐团的话，那么在新课改之前校长仅负责向教师下达乐谱，教师仅仅负责演奏乐谱。新课程改革的到来，则使校长成为了乐团中的首席指挥，教师成为了有权利改编乐谱的艺术家。校长是否有能力组织一支优秀的教师团队，关系到课程改革的成败。新课程改革带给教师最大的挑战就是二次开发课程的问题，这就要求教师具备四方面的能力：首先，要具备挖掘教材潜在内容的能力；其次，要有开发新课程的能力；再次，应有整合课程的能力；最后，要具有信息技术与学科教学的能力。[1] 由此我们可以看出，教师的课程素养的形成及课程开发工作绝不是仅靠一己之力能够完成的，因此，校长必须积极承担起"教师的教师"这一角色，采取一系列措施构建教师课程团队，帮助教师逐步适应新课程改革，不断提高将知识转化成智慧的能力，将理论转化为实践方法的能力，提高将教育理论、学科素养和信息技术整合的能力。[2]

（四）课程资源整合能力

校长的课程资源整合能力主要包括校内和校际间课程资源整合；学校资源与社区资源的整合以及课程资源数据库建设。[3]

---

[1] 杨素珍. 教师角色要实现五个转变 [J]. 小学校长, 2002 (8).
[2] 曾天山. 教师应当成为社会上受过最良好教育的人 [J]. 小学校长, 2004 (9).
[3] 吴刚平. 高中课程资源开发和利用的实践智慧 [M]. 北京：高等教育出版社, 2004.

要考量校长对课程资源的整合能力,就必须对课程资源的类型进行划分,在此,可以选取较为简洁明晰的标准,按照课程资源空间分布的不同,将课程资源分为校内课程资源和校外课程资源。首先,应充分挖掘和有效利用校内课程资源。在校内资源中,课程标准和教材是课程资源最基本的组成部分,是课程的基本素材和课程实施的基本条件之一。教师对于其他课程资源的开发和利用,要建立在对课程标准和对教材的充分利用基础之上,并要积极主动地从"教教材"向"用教材教"转变。其次,要重视校内外课程资源的作用,建立校内外课程资源的协调和共享机制。

(五)课程实施管控能力

本书中的课程实施管控能力主要是指校长对课程实施过程及实施后的控制,突出指导和评价。最后一个维度的划分,经过了相当长时间的阅读文献资料以及与几位优秀校长交流之后所得出的结论。许多文献将课程领导力中的实施与管控能力分开了,有的称其为课程实施组织力、课程实施规划力。这些维度都没有体现出校长参与课程实施过程并指导课程实践的作用。在选用管控能力还是监控能力时,经过考量两个词语的含义,选用了管控能力。因为监控一词中有监督的意思,会令广大教师极为反感,相反管控中管理更侧重于指导和协调,令教师们容易接受。因此,可以将最后一项课程领导力维度定为课程实施管控能力。

(六)校长课程领导力五力关系说明

一所学校师生课程理念的转变首先来自校长自身课程思想理念的提升。[①] 校长的思想就是学校的灵魂,决定着学校新课程实践的方向,其思想的深度和广度决定了学校发展的水平和新课程推进的程度。校长的课程思想引领能力居于五力中的指导地位。

一所学校要保证课程改革有序推进,就应该以科学规范的课程方案来指导课程的实施。[②] 校长要根据课程标准要求开齐、开足所有的国家课程和地方课程,精心耕作和挖掘校本课程。校长的课程方案规划能力是校长课程领导力的核心能力。

一所学校的新课改能否实实在在落实,关键在教师。因此校长是否有能力建

---

① 郝士艳. 对课程领导力的几点思考 [J]. 黑龙江高教研究, 2013 (6).
② 严卫林. 校长对课程领导力不可忽视"五点" [J]. 基础教育研究, 2013 (4).

设一个适应课程改革要求的高素质教师团队，直接关系到学校课程改革的成败与否。校长的课程团队建设能力是校长课程领导力的关键能力。

一所学校是否能彰显出课改特色，课程资源的合理开发和有效利用是其必要条件。课程是组织教育教学活动的主要依据，任何课程都是以一定的课程资源为基础和前提的，没有课程资源，则课程也就无从谈起。因此，校长应秉持开放性原则、经济性原则、针对性原则以及创造性原则，整合本校的课程资源。校长的课程资源整合能力是校长课程领导力的基础能力。

一所学校新课改的成功不是一蹴而就的，它需要经历许许多多的问题和挫折，需要反复地尝试和反思。任何完美的课程计划如没有实施的执行力作保证都无从谈起。因此，校长要为课程的执行保驾护航。校长的课程资源整合能力是校长课程领导力的重要能力（见图3-2）。"五力"在校长的课程领导力中相互促进，一环扣一环，缺少哪一种能力都将使校长在对学校进行课程领导中出现问题。

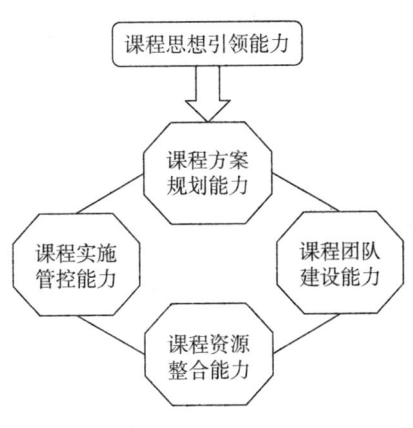

图3-2 五力关系

第二节 小学校长的课程领导力的现状及原因

卓越的校长课程领导力是校长发展课程的动力核心之一。但是，伴随着新课程改革的不断深入，校长课程领导力也存在着较多的不足，这些不足严重阻碍了课程发展的进程。

一、小学校长课程领导力现状

（一）校长课程领导角色意识的模糊

正如之前所说，大多数校长在课程领导过程中，能够正确地认清自己所扮演的角色，并且将工作的中心放在课程与教学的实施上。然而，在实际工作中，大多数的校长常常忙于处理学校的校务，往往无暇顾及实施这一角色。很多校长在学校日常生活工作中仍然把较多的时间放在行政事务上，担任行政管理者的角色。就如莫里斯所说的："繁忙的校长无处不到，从办公室到教室、操场，再返回来，在这些巡视过程中，校长正在管理学校。"① 一般来说，校长在处理日常工作上，占用最多时间的是对学校行政事务上的处理。校长每天的工作千头万绪，几乎每天都会有忙不完的事情，所以很难会专注于一件事情上，并且有时还要忙于应付上级教育行政部门的检查。校长在处理学校行政事务之余，很难有精力去应付课程与教学上的事务。

所以，在理想和现实之间还是存在一些差距的，虽然很多校长在主观意识上认识到自己应该所担任的角色，但现实情境却让校长们陷入一种不得已而为之的困境，模糊了课程领导角色意识。

（二）校长课程领导知识的缺乏

"校长课程领导的实质应该是作为社会上的一种规划，或者说是一种政治操作的过程，其过程会受到不同决策的影响。"② 不过，值得一提的是，课程领导不可能仅仅是单纯的政府性行为，它更应该是一种专业性行为，除了依靠政府赋予的权威以外，还依靠于领导者的专业权威与个人魅力。所以说，校长课程领导力的提升要求校长不仅能够具有扎实的管理学基础知识，而且要求校长具备课程领导的知识、沟通交流的艺术和人力资源管理等方面的专业技能。但是，在众多

---

① 托马斯·J. 萨乔万尼. 校长学：一种反思性实践观［M］. 张虹译. 上海：上海教育出版社，2004.
② 钟启泉. 从"行政权威"走向"专业权威"［J］. 教育发展研究，2006（4A）.

调查中发现，对于行政事务，大多数校长是比较精通的，而对于课程领导知识整体上还是比较缺乏的，这主要体现在以下两点。

1. 缺乏理论知识

校长课程领导的理论知识包括校长课程领导的基本概念、形式以及评价手段等方面，主要涉及课程论、教育哲学、心理学、管理学等方面的内容，但就目前小学担任校长职务的大多数人来说是没有经过系统学习的，他们只是通过一些个人学习或者是校长培训等方式获得这些知识。虽然校长们渴望能够通过学习的方式来提高自身的理论知识，但由于自身行政事务过多，用在学习上的时间较少，并且大多数校长培训时间也比较短，能够系统学习这些理论知识的时间与精力确实是有限的。

2. 缺乏实践知识

校长课程领导的实践知识从日常行为中获得并且得到确认，是校长在课程领导的过程中实际表现出来的知识，其中包括人际交往知识、策略知识以及校长对理论知识的理解和运用等。对于校长来说，其实践性知识是内在和外在的综合体。其中，内在的知识是一种无意识的默认知识，主要依赖校长的个人经验与反思，有只可意会不可言传的隐蔽性。也就是说，这种内在的知识很大程度上反映的是校长在专业上的熟悉程度。

校长们或多或少地会掌握一些理论知识，但大部分都是通过课本学习而来的，很少是通过学校现场课程实践中得出，所以在学校现实情境中难以应用。校长们很少用理论联系实践，反思学校所处的情境，容易产生课程理论与实践的脱离。波兰尼说过："知识的获得，甚至是说科学的知识的获得，一步一步都需要是个人意会的估计和评价。"① 所以，如果校长不能够将学习的理论转化为校长自己内在的知识，就不能很好地驾驭拥有的资源，也就无法转换为自身的能力。在实际工作中，校长更多关注的是外在的知识，看似是被校长所掌握的实践知识，其实并未用于指导课程领导。

---

① 黄瑞雄. 波兰尼的科学人性化途径 [J]. 自然辩证法通讯，2000（2）.

(三) 校长课程领导能力的不足

课程改革是一个极其复杂的工程，校长所面对的环境也是复杂多变的，这要求校长必须具有很强的能力，才能够领导这个学校，朝着好的方向发展。校长在课程领导中处于核心地位，要求校长必须具有较高的课程领导能力。事实上，根据调查显示校长并不完全具备这些能力，主要表现在：

1. 策划力的不足

策划力是指为了实现学校课程发展的目的，审时度势，提出新颖的学校课程发展策略或是创意，并且制定具体的实施方案的创造性活动。它要用到教育规律，借鉴《策划学》的相关理论，通过对学校发展内外部的调查与分析，根据学校发展的"时"与"势"，提出符合学校发展的创意或者是策略，制定可行的策划方案，从而使学校的发展保持优势。①

所以，相对于学校课程改革来说，校长要具有课程领导的策划能力，能够根据学校课程发展的状态，为学校课程发展制定可行的策划方案，并能把握其未来的走向。可是，并非所有的校长都具备课程领导的策划力。就目前的发展趋势来看，超过一半的校长都认为自己在课程领导工作中的策划力是不足的。其中有些校长由于受知识功底、办学经验、能力和思维方法等方面的影响，对学校的课程发展缺乏远见，并不能为其制订可行的方案，还有些校长墨守成规，在策划方案上并不能体现其新颖性。

2. 影响力的不足

影响力是指领导者具有能够吸引被领导者的一种能力，它是领导者通过自身能够影响他人的一种独特的个人魅力。一个成功的领导者通常是伴随着拥有强大的影响力，影响力更多的是一种内在的能力。在课程发展的过程中，校长需要不断地完善自身，扩大其影响力，达到以下几个方面的品质：一是要有远大的理想；二是要有判断组织未来发展的方向的能力；三是要有自身独特的个人魅力，例如具备自信、冷静等特质；四是要能力非凡，拥有智慧。唯有这样，通过内在素质与外在的培养，才能够使校长拥有一股强大的影响力，带领大家朝着目标

---

① 陈丽. 学校发展策划：理论、方法与实践 [M]. 重庆：重庆大学出版社, 2005.

前进。

但在现实工作中,校长所拥有的影响力并不是我们所想象的那样,大多数校长认为自己在课程领导的过程中缺乏影响力,更有校长说自己在学校工作中所依靠的是行政上的权力,而并不是依靠自我的内在力量。

3. 执行力的缺乏

执行力是领导者能够组织员工充分利用各种可以利用的资源和手段去实现既定目标的一种综合能力。在学校课程发展的过程中,作为校长的课程执行力是课程改革取得效果的决定力量。"说一尺不如行一寸",也就是说,不行动,不努力,就不会提高校长课程领导力。校长的课程执行力是各个方面共同发挥积极作用去保证课程目标的顺利实施。课程各项政策的制定,并不能自动地变为现实,它需要的是执行者能够认知与行动一起来,也就是有较强的课程执行力。

但是,在实际工作中,校长课程的执行力并不理想,校长认为自己执行力不强,"知"和"行"的能力有些不足。其中"知"的能力主要表现在对各种政策方面的认识,这会出现在传递、宣传和执行方面的失误,缺乏对新课程的全面理解。"行"方面的能力是指把课程政策付诸实施的能力,其中包括课程政策具体化的能力,但在具体实践中,一些校长对课程政策的执行过于机械,不懂变通,或者执行不到位,缺乏在具体政策执行中的创造力。

(四) 校长课程领导践行不当

校长的课程领导不只是管理校本课程,不只是研究学校的课程计划,而是能够全面地指引和统领课程改革在学校中的实践及创新。但在现实工作中,校长由于在课程领导认识上有误解,导致校长在课程领导方面的功能不健全,最后致使校长在课程领导中不知该怎样作为。

1. 过多的行政方面干预

从传统的管理思想看,在学校中,校长往往被定义为行政领导人,主要从事行政管理工作,正是这种思想导致校长把自己看作是行政领导人,因而会经常忽略课程与教学领导者的角色,在具体课程领导过程中,过多地借助于行政方面的权威,用行政领导来代替课程领导。中国台湾学者欧用生曾经说过,大多数校长的领导看中的仍是行政领导,把大多数的时间花在学校的行政工作上,如经费的运用以及处理各种关系上,而对课程缺乏重视,把学校的课程发展也当作是一种行政工作来做。

2. 较少的合作交流

课程领导对于学校来说是一项由教师、学生、家长以及学校行政人员所组成的课程领导共同体。而校长要将这些成员组合起来,形成教育社区,共同发展课程。但在现实中,学校所有决策及领导职责的履行主要集中在校长身上。由于受科层管理体制的影响,导致校长和角色的分工形成各自的认同感,以致基础教师无权参与课程领导。而受传统教学观念的影响,对于学生来说首要任务就是学习,既不是学校课程改革的参与者,更不是课程的领导者。同时,许多家长也表示能够参与课程领导对他们来说似乎很遥远,校长也不会征求家长们的意见。

据了解,由于太忙,教师、家长、学生平时很少有机会能见到校长,所以无法和校长进行沟通交流,很少能够在一起讨论课程的发展。实际上,课程的开发并不是孤立的,校长更不可能独自一个人能完成。课程的发展应该是合作的、互相交流的过程,学校的所有人员应该团结起来多做讨论,形成学校的组织与文化。

二、校长课程领导力问题的成因

课程领导的过程涉及人与环境的互动,故课程领导常会受一些因素的影响。在学校的现实境遇中,校长面临的应然状态和实然状态之间的矛盾冲突等各种各样的因素都影响着校长的课程领导,制约着校长课程领导力的提升。校长课程领导力之所以存在诸多问题,既有教育制度、思想文化层面的原因,又有校长自身以及支撑环境层面的原因。

(一)教育制度层面的原因

1. 集权管理体制的影响

长期以来,我国实行高度集中的教育管理体制,学校必须服从上级、听从指挥,必须严格按照上级主管部门的行政指令、规章制度行事。课程管理实行高度集权统一的模式。教学计划(课程计划)、教学大纲(课程标准)、教科书只有国家有权制订、编写，地方和学校只需按照统一的规定执行而不得任意修改，学校必须根据教育部统一规定的教学计划、教学大纲、教科书进行教学。基础教育课程管理权力的高度集中和统一，弱化了学校（校长）课程领导的地位和作用。在中央集权的课程管理体制之下，学校不需要做出什么改变，校长被排斥于课程之外，只需依照上级的要求执行即可。课程开发由国家教育权力机构组织相关专家决策、编制课程，学校只能机械地执行上级下达的课程指令。校长和教师无权参与课程的开发和决策，这种课程既是防教师的，也是防校长的。课程实施的过程就是忠实而有效传递课程的过程，校长只是既定课程的传递者，而不对课程做出任何调整和变革。

这种线性、机械的课程管理方式使得校长习惯于中央集权下的课程执行者的角色，形成了对上级的依赖心理。在他们看来，课程主要是上级教育行政部门的事情，校长的任务无非是使上级教育行政部门的课程主张在学校得以体现。长期的集权管理不仅使校长缺乏课程领导意识，还使得校长缺乏一定的课程领导能力。大多数校长认为，尽管新一轮基础教育课程改革提出了三级课程管理体制，赋予学校一定的课程管理权限，校长的课程管理权得到政策的保障，但仍然存在诸多问题，特别是来自上级主管部门的规定、命令、规范对学校控制依旧过多、过死，学校课程管理的自主权难以落实，校长难以有效开展课程领导工作。一些校长指出，由于长期被动的集权管理，当被给予课程领导权力后反而感觉无所适从，不知道从何处开展课程领导工作，缺乏相应的课程领导能力。

2. 科层化管理体制的影响

科层理论是由德国著名学者马克斯·韦伯（Max Weber）博士提出来的。科层体制又称"官僚体制"，是一种权力依职能和职位进行分工和分层，以规则为管理主体的组织体系和管理方式。科层化管理体制是指像政府机关那样层次分明、制度严格、权责明确的组织模式。一个正规的科层化组织在处理有关控制和协调组织成员行为之类的事情时强调五种机制：

（1）坚持等级式的管理和对低层人员的监管。

（2）确定和保持适当的垂直交流。

（3）制定明确的书面规章和程序以确定标准和指导行为。

（4）颁布明确的计划和日程以供参与人员遵守。

（5）在组织等级体系中增加监管人员和行政人员，因为有必要这样来解决组织在不断变化的条件下所面临的问题。①

就目前来看,受科层化管理体制的影响,校长和教师因等级层次、角色分工而形成自我价值的认同,以至于校长课程领导处于一种两难的境地。一方面,我国现有的学校被作为整个国家科层体系上的一环,校长受到来自上级教育主管部门的支配与控制,缺乏课程领导的自主权。比如说,在统一要求与自主发展之间,教育行政部门一般会对学校课程提出统一的要求,但是学校又有自己的特色,这时校长就不得不向统一要求妥协,因为它关系到对校长和学校的评估。另一方面,学校本身被作为一个正规的科层组织来建立,校长又支配着学校教职员工,使学校内部形成强力的控制,教师难以真正参与到课程领导中。受学校角色分工的影响,校长是领导者,教师是被领导者,当这种角色分工和课程建立起联系后,校长就被认定为是"合法"的课程领导者,教师就成为被领导者了。这两个方面的强力控制和对个体的严格监管都会使校长的课程领导陷入困境。

3. 学校评价机制的影响

学校作为个体教育和社会人力资源提升的场所,时刻面临各方的评价。学校课程改革与发展既可能会因为合理的学校评价而获得有益的发展路向和策略,也可能因不合理的评说而陷入困境。现行的学校评价以升学率作为评价学校质量的唯一标准,使学校不仅不能成为素质教育的倡导者,反而成为应试教育的守护者,阻碍学生的成长和教师的发展,制约着新课程改革的推进。"应试评价"成为制约新课程改革的一个很重要的因素。虽然"素质教育"的推行已有十几年的历史,但现有的学校评价依照的仍是"应试教育"的评价模式。在公众心中仍然是以升学率作为"什么样的学校是好学校"的评定标准,"升学率"拥有着一票否决的权力。

(二) 思想文化层面的原因

1. "大教学论"思想的影响

一直以来,在校长和教师的观念中,只有教学而没有课程,更不用说课程领

---

① [美] 罗伯特·G. 欧文斯. 教育组织行为学 [M]. 窦卫霖等译. 上海: 华东师范大学出版社, 2001.

导了。校长以强调监管教师和教学活动的教学领导为主，实际从事课程方面的领导较少，甚至于没有。人们普遍重视教学领导的研究，而忽略课程领导的研究。从教学领导与课程领导在我国的发展来看，教学领导的研究已行之有年，而课程领导的研究主要是随着新课程改革的实施才逐渐受到重视。对于校长课程领导的研究滞后，甚至可以说才刚刚起步，一些研究还只是停留在对校长角色做简单的思辨性分析上。因此说，受"大教学论"思想的影响，校长们多是熟悉教学领导的概念而不清楚课程领导是什么，更不用说有效实施课程领导了。

2. 传统学校文化的影响

任何个人、机构的存在和发展都不可能脱离传统文化、习惯的影响，特别是涉及社会准则、价值观和精神层面的传统文化与习惯的影响力更大。由于学校这一特定场所拥有独特的社会结构、地理环境、人文景观，教师和学生生活在其中可以形成一系列传统习惯、价值规范、思维方式和行为模式等，这些构成了独有的学校传统文化。传统学校文化渗透在学校的各个维度，在不同的层面上发挥着不同的作用，但也有一些成为学校发展的症结。在课程改革中，我们能够感觉到一些传统学校文化对改革的消极影响，诸如学校保守文化、权威文化等，它们在不同程度上影响着学校课程的发展，制约着校长的课程领导作为。

学校保守文化主要表现在其自身的封闭性上。学校将自身视为一个封闭的系统，很少与外界进行交流与沟通。许多学校都不向社会敞开自己的大门，极少邀请社会相关人士参与学校活动。学校文化的这种自我封闭性，使学校和教师以封闭的心态看待外部世界的变革，而不能以开放的心态接受新生事物，由此习惯于维护现状，拒绝合作，排斥变革。学校权威文化的表现是注重不同角色的权力等级，校长、教师，甚至包括学生在内，各自在自己的范围内行事，下级不敢对上级的决策质疑。从学校课程实施的过程看，绝大多数情况下都是学校领导班子制定出学校的课程方案，教师只要按照预先设计的方案执行就可以了。这种忠实的课程实施观主要体现在以下两个方面：

（1）使教师成为学校课程决策的边缘群体。

（2）导致教师对课程参与和决策的疏离，缺乏热情。教师的课程决策边缘群体地位，必然会影响教师文化的发展和变动，很有可能会对变革产生阻力。

此外，学校的权威文化也导致校长在课程领导的过程中无法知悉教师的真实情感。改革过程中人们不可避免地会遇到忧虑、担忧和压力，会有不同的关注事物，而学校的权威文化，使得教师不敢向校长表达自己对改革的困惑。如果采取的变革不能适当地关注到人的情感、尊重人的人格，就有可能遇到阻力。因此，传统学校文化的封闭保守与权威控制也是导致校长课程领导力问题的原因之一。

（三）校长自身层面的原因

1. 心理因素的影响

改革意味着用不确定性和模糊代替已知的东西，意味着个体必须面对未知的领域。因此，变革会给个体带来不安全感。在现有学校通过实质性的变革走向自主发展的过程中，必然要求学校每一个人的思想、观念、活动方式、行为等各方面发生变化，甚至会威胁到某些人的职位。其实，有很多校长厌倦了现在的教学，很希望学校变革，但就是没有那个勇气。

2. 专业素养的影响

但从目前校长的总体队伍看，其专业素养并不尽如人意。一些校长的课程观存在着偏颇，课程意识狭隘，旧有的课程管理思想根深蒂固。有些校长知识面狭窄，无法超越传统课程的局限去思考和行动，缺乏整合的专业知识以及系统的课程论知识体系。还有一些校长课程能力不足，面对复杂的、难以确定的未知领域，往往力不从心、束手无策。一言以蔽之，校长自身的专业素养不高，这从校长们的学历水平亦可看出。虽说一个人的学历与能力并不能画等号，但两者有着互为基础、可逐级转化的一致性和兼容性。学历的高低反映出一个人接受教育的文化程度。一般来说，学历水平低，其自身专业素养也就不高，看待问题的视角比较狭窄，解决问题的能力不强。当前小学校长的学历水平并不理想，大多数校长的第一学历为中专或大专。虽然现学历中多数校长已经达到本科及其以上水平，可是绝大部分校长是通过自考或函授的方式获得的。而在我国当前的教育体制下，这两种培养方式并不是十分理想，学历水平大打折扣。因此，校长学历水平普遍不高的现实亦是校长专业素养不理想的表现，这些都是导致校长课程领导难以有效实施的重要原因。

（四）支撑环境层面的原因

校长的课程领导不是孤军奋战的行为，其有效实施还需要一定的支撑条件。

一方面，校长是在具体的学校情境中从事课程领导活动的，需要处理好学校内部的关系，获得全校教职员工的支持；另一方面，学校是社会系统的重要组成部分，需要处理好学校与外界环境的关系，获得行政部门、课程专家、学生家长的帮助和支持。而现实的支撑环境并不理想，教职员工的参与意愿不足、行政部门的政策缺失以及学生家长的支持不力等因素影响着校长课程领导力的提升，从而制约了校长课程领导的有效实施。

1. 教职员工参与的影响

一方面，教师自身所做的准备不足，直接影响了他们对课程改革的信心和能力。调查发现，有些教师认为自身的专业素养需要提高后才能胜任课程改革工作；有些教师认为教学工作任务很繁重，根本没有时间去从事教学以外的工作；更有些教师对课程改革持有怀疑的态度，没有参与的热情，因此也不愿意为此付出努力；还有一些教师虽然相信新课程改革的理念是合理的，却不愿意冒影响学生升学成绩的危险。另一方面，虽然三级课程管理制度为学校的课程发展提供了空间，课程的决策民主化有了一定的进步。但实际调查中发现，教师几乎没有表达课程权力的机会，不少教师并不情愿参与课程改革，承担相应的职责，问题也在这里。此外，教师工作的空间独立性、课堂自主性使得教师习惯于独立行事，拒绝合作，不能积极开放地面对课程改革。

2. 行政部门政策的影响

校长进行课程领导不是在独立的学校中进行的，而应在社会系统这个大环境下。因此，不仅要调动学校教职员工的参与意愿，还需要寻求社会外界的支持，教育行政部门的政策支持和保障便是其中之一。课程政策是国家教育行政主管部门在一定社会秩序和教育范围内，为了调整课程权力的不同需要，调控课程运行的目标和方式而制定的行动纲领及准则。新课程改革出台了三级课程管理政策，确立了学校参与基础教育课程管理的权力主体地位，赋予校长一定的课程领导权力，从而为校长课程领导提供了政策上的支持和保障，使得校长课程领导力的提升成为可能。

但是，对于一项政策而言，制定出台之后并不等于能够自动地变成现实，它还需要一个执行过程。课程政策的执行是执行者自身对课程的认识、理解，并在此基础上做出计划和行动以实现政策目标的过程。在一定程度上可以说，政策执行的效果如何决定了课程改革的成败。虽然三级课程管理的政策早已开始实施，但由于各种因素的干扰和影响，尽管政策执行者为政策实施做了充分的工作，但仍不能取得预期的效果。特别是来自上级主管部门的规定、命令、规范对学校控制依旧过多、过死，学校课程管理的自主权难以落实，校长们依然难以有效开展课程领导工作。现实中，课程实务开展不力的现象普遍存在。

3. 学生家长配合的影响

课程领导的实施不能仅依靠学校单方面的努力，家长和社区是学校可利用的丰富资源。家长和社区对新课程的观念是否清楚、对学校是否支持，会影响校长课程领导的实施。已有的改革经验表明，一项改革如果得到家长的支持，则它的推广就势如破竹，相反，如果改革没有得到家长的支持，则往往夭折。因此，学校应珍视这类资源，强调"伙伴关系"的建立，营造家校一体的共识，使家长与学校一样共同关心课程改革，办开放的、没有围墙的学校。在这个问题上，虽然学校已经做了一些工作，但没有更深层次的意识和机制性的建构，学生家长对新课程的推动及参与只表示微弱的支持，校长课程领导的实施存在着许多困扰。

学生家长之所以成为阻碍校长课程领导力提升的因素，其一是教育观念落后。很多家长对于教育缺少必要的理性认知和评鉴能力，他们的观念仍然停留在"读书—考大学—找到好工作"的传统水平，而没有考虑人生的丰富选择性，没有反思传统教育是否真正有助于人格的完善与人生的幸福，不能跳出应试教育所设定的轨道。其二是家校沟通不畅，学生家长不了解新课程的精神。当学生家长不了解新课程的精神时，学校就会受到不满的家长的批评，质疑学校为何不使用过去的教育方式。学生家长反对学校确定的课程改革方案，对学校改革的新要求消极应付或者强力抵触，甚至通过举报、集会、帮孩子换班或转学等方式抗议、抵制改革。在这种状态中，家长成为学校课程改革的重大阻力，往往使学校课程变革方案无法深入展开，或者即使展开也只能中途夭折。学生家长对改革的抵制态度也成为校长规划课程改革的一大心病，由于担心改革方案不能得到学生家长支持，学校往往选择保守施教，放弃改革。

第三节 提升小学校长课程领导力的策略

一、更新思想观念

思想是一切行为的先导,要提升校长的课程领导力,首先要唤醒的是校长的课程领导的意识,增强校长课程领导角色转换意识。而这需要从校长的观念更新着手。只有校长充分认识到课程领导角色转换意识的重要性,才能够带领全校教职员工进行课程改革,从而形成品质较高的课程,提升校长课程领导力。也就是说,更新观念是实现校长课程领导力的首要任务。

(一)更新观念的主体

根据美国课程专家兰姆博特的研究,认为课程领导具有以下特征:一是团体内的每一个成员都具有能够成为领导者的潜力与权力;二是团体内的每一个组成成员一起合作、一起学习并且能够构架意义和知识,学习是有共同的目的,而领导可以促使成员们实施建设性转变的学习;三是通过成员间的交谈,把情感、态度、价值观、信念加以表面化,能够在共同信息和信念的支持下,反思工作并赋予其实际意义,以达到促进工作的有益目的;四是要求权力和权威进行合理再分配,共同承担或者是共同分享学习、行动、责任和目的。由这些可以看出,课程领导是一个由领导者与课程领导共同体就课程问题达成共同认识的过程。课程领导者要注重学校的全体教职员工,而校长应该在学校建立一种和谐的团队精神,鼓励全校师生共同参与。

因此,在学校内,更新观念的主体应该涉及两个方面:一是更新校长自身的观念。随着新课改的不断深入,校长必须不断调整自身的观念,以适应不断变化的课程情境,带领大家进行课程改革。二是更新全校教职员工的观念。全校教职员工观念的更新依赖于校长的带领,所以这两者主体紧密相连,密不可分。只有全校教职员工观念得到更新,符合课程改革的要求,才能推进学校课程改革,校长的课程领导才真正能够实现。

(二) 更新观念的内容

在新课程改革的背景下，要求校长们更新观念，到底应该更新的是什么观念呢？国内外教育改革的实践经验告诉我们，必须要坚持动态的、全面的思考方式来认识改革，以往的静止的、片面的思考方式是不可能成功的，由此，作为校长在认识上必须具有一种全新的思想观念，要明白课程领导应该扮演的角色，主要体现在以下三方面。

1. 校长由课程管理者转换为课程领导者

传统的教育管理思想认为，校长作为课程的管理者，管理权力应该集中在管理者阶层，对于学校和教师来说没有权力进行分享，校长主要依赖的是课程管理者的法定权力；在课程决策方面，课程管理者凭借行政命令自上而下进行决策，学校和教师只能被动地执行课程决策；在沟通方式上，主要是纵向行政命令，较少有自发形式的学校之间的横向沟通；动力来源上，主要以外部、上司的监管为主。而现代的教育管理思想认为，校长作为课程领导者，应该实行权力分享，更多地依靠自身的个人权威，而相关人员均应该民主地分享权力；在课程决策方面，是由课程相关人员民主决策，相信教师群体具有一定的创造力和决策力；在沟通模式上，纵向沟通之外有较大程度的校内外沟通和交流；在动力来源上，决策者自身的创造力和创新，自我的驱动是主要来源。因此，在宏观上，校长要把握好由课程管理者到课程领导者的转变。

2. 校长由课程执行者转换为课程创造者

传统的课程制定者主要是由国家、上级教育行政部门以及教育专家等来指定。在这个过程当中，校长与教师只是教学计划、教育大纲以及教科书的被动执行者。对于他们来说，课程的制定与开发是一个新的课题。新课程确定了国家课程、地方课程和校本课程的三级管理的模式，这意味着课程将不再是由国家统一来制定，校长与教师也被赋予课程制定的权力，这样在一定程度上校长成为了课程的创造者。因此，校长要在观念上有成为课程创造者的角色意识，带领大家积极开发校本课程，建设特色校园，实现课程领导。

3. 校长由教师教学水平考评者转换为课程评价改革者

当前校长对小学教师的评价绝大多数是以学生的升学成绩而论的，虽然当前的评价改革开始提倡上级评价、同行评价、学生评价和社会评价相结合，但这种形式上的改革并不能撼动我国以升学率和学生考分为标准的占据绝对统治地位的教师评价指标，其学生成绩很容易纳入校长评价教师教学水平的依据中。而新一轮的课程改革目的之一就是促进教师的专业成长，发挥其创造精神。所以，校长应该改革当前对教师教学水平的考评方式，成为课程评价改革者。

作为课程评价的改革者，要改革以往的工作绩效的评价方法，从以往只以学生的成绩为评价指标，向能够兼顾学生综合素质的评价体系转变。从以往的以升学率、优生率、及格率为指标的传统评价体系，向以教师的日常教学过程、表现行为为评价指标转变。在跟进配套措施、完善教师具体评价指标的同时，摸索灵活多样的教师评价方式。

(三) 更新观念的方式

要想实现观念的更新，可以通过两种方式：一是借助理论学习。作为校长要加强自身理论知识的积累，清楚国家实施新课程改革的背景，通过各种方法大量掌握关于课程改革的信心，带领教职工仔细学习"纲要"，促使大家形成正确的课程观。因此，只有校长主动掌握和明白了课程改革的先进理念，并从内心深处去认同，其才能自觉地用新的理念和思想去指导学校的课程工作，落实课程领导。二是通过实践进行反思。也就是说实践主体要在实践的过程中或是结束后，对其进行深刻的反省。法国社会学家皮埃尔·布迪厄曾指出，将社会化了的身体视为一种理解的生成能力和创造能力的宝库，视为被赋予了某种潜力的一种"能动知识"形式的载体，而不是说是某种客观对象。[①] 实际上说的是，被社会化的人具有能动性，实践是人的能动性的源泉，实践上的反思就是方式。

更新观念，提高校长课程领导角色转换意识的一个重要的方面是校长能够正确地认识自身，而这种认识是通过校长在教育情境实践中不断被培养而形成的，培养校长的反思能力。罗斯提出了一个可以借鉴的反思模型：首先，从特定原因的行为出发，借助同事的帮助或是不借助外力自己独立去判断行为和事件，尽量

---

① 王永丽. 校长的课程领导力研究 [D]. 华东师范大学博士学位论文, 2009.

从客观的角度去分析结果,并且进一步思考是否还存在其他的行为,这样才能使结果更有效。其次,从个人角度进行描述,对所处的情境中发生的行为和事件给予客观公正的评价,并尽可能地排除一些对结果造成影响的外部环境因素。最后,分析所产生行为及其自身产生的直接或间接影响,并且分析该行为对其他群体所造成的影响。①

二、丰富课程领导知识

课程领导是一项专业的工作,仅有一腔热情不一定能把工作做得很好,有时候甚至被热情掩饰了问题的实质,模糊了问题的焦点。② 这样看来,校长课程领导不仅是一个专业行为,而且也是一个不断成长的过程,校长成为课程领导者不是天生的,唯有通过不断的学习、实践、反思,才能够增强课程领导知识,进而提升课程领导力。因此,从某种程度上说,校长课程领导力的提升也就是校长专业成长的过程。

(一)校长通过自我学习促进其专业成长

学习是促进校长专业成长的最基本方式,校长要自觉地学习,这不仅是自身专业成长的需要,也是提升校长课程领导力的需要。

1. 自我学习的内容

首先校长应该学习自身课程领导的理论性知识,其中包括课程领导的理念、课程改革的目标等专业知识;其次还应该有工作中的实践知识。需要注意的是,学习理论知识和实践知识并举,并尽可能地提炼出实践性理论知识;对课程理论知识,要博专结合,在专的基础上要博,广泛涉猎,打破行业间的隔阂,扩展阅读的范围和领域;要因校制宜,以本校的课程问题为抓手,融会贯通,避免生搬硬套;学习、实践与反思是一个统一的过程,不能分割,要善于结合运用。

---

① L. David Weller Jr., Sylvia Weller. 学校人力资源领导:小学校长手册 [M]. 杨英等译. 北京:中国轻工业出版社, 2005.
② 欧用生. 校长的课程领导和专业成长 [J]. 研习资讯, 2004 (1).

2. 学习的途径

授人以鱼不如授人以渔，方式方法远比内容要重要得多。校长应该在读书中学习。每一个校长都知道读书的重要性，但事实上并不是每一个校长都能养成读书的习惯。读书，是获取最先进知识的直接方法。对于校长来说，在繁忙的工作中，常常处在一种尴尬的境地，通常是说起来比较重要，做起来有点次要，忙起来可以不要。校长可以尝试通过以下几种方法来改善自己的读书状况：制订读书计划，力争养成读书的习惯；寻找时间读书，时间总是会有的，校长要不断改进自我管理时间的能力，争取每天有自己可以读书的时间；读书要分轻重，有选择地读书。校长要多读一些经典的教育著作、教育报、关于基础教育改革的书等；读书要有策略，如浏览、粗读、略读、精读等，选择适合自己的内容细致地研磨专研。

学习的另一途径是在工作中学习，学校无小事，日常中的每一件事都有可能成为启发新知的载体。校长从踏进校园的那一刻开始，就应该善于观察，认真深入体会。多在校园里走动，多在教室的课堂上观察。对学校的整体情况，要善于调查分析，把握住制定学校课程发展规划的契机，注意吸取科学先进的理念和知识。要多听听家长对学校的意见和建议等。工作中无时无刻都有学习，只要有心，就可以发现许多有益的知识。

(二) 组织形式多样的校长培训促进其专业成长

1. 提倡校长培训"学分制"

在实际工作中，校长领导全面提升的最重要途径是对校长的职务进行专业培训。可是，小学校长的构成比较复杂，年龄跨度也比较大，存在着思维方式、学历层次、工作与学习之间的矛盾，这样很难保障学习时间。而我们现在可以借鉴研究生教育中的学分制。如果校长进行的专业培训采用"学分制"会具有一些优势：第一，学分制为校长的学习提供了一个稳定的时间和空间，这样能够极大提升校长主动参加学习的积极性，并且能鼓励校长深入研究和独立思考。第二，学分制采用的是目标管理模式，这样可以让校长事先明确学习的主要内容、主动要求或者自主安排学习活动，充分体现出了校长学习的主体性。第三，学分制能够促使校长注重提高学习的实际效果。学分制的采用不仅丰富了课程领导知识，对校长专业成长有一定的促进作用，而且会提升校长的课程领导力。

2. 建构校长成长"导师制"

对于校长来说，也需要有实践经验的导师或者名校校长的帮带和提携。大学教育中的导师制为我们提供了一个借鉴，若是把导师制迁移到小学校长的学习中，这样校长之间能够形成一种区域性的交流合作机制，建设一种以导师制的校长为基础结构的成长工程，而且这将成为一种很有效的学习促进机制。

这种校长的学习导师制，是指校长在专业发展过程中能够借助导师或者名师的帮助和指导，展开学术性研究和实践管理。实践证明，这会是一种很好的行业互助模式，在一定程度上能够提升校长的自身专业素养。

（三）校长通过不断反思促进其专业成长

反思是校长专业发展、成功课程领导和管理学校的重要因素，反思也逐渐成为校长检视自我、课程改革、学校发展的法宝。在领导学校课程发展的过程中，不断地进行反思，不但可以提升自身的领导水平，增强自身的领导智慧，还可以使学校的课程发展获得新的动力。

1. 校长反思的内涵

反思又被称为反省，是自身对自己的道德、思想、价值观以及行为等进行回顾思考，分析其成败得失的一种行为。反思型的校长应该比较善于依靠理智冷静的思考和批判的态度与方法，对学校课程领导的行为、过程、效果和其中的实际问题进行有目的的自我批判及解剖，并且能够对自己在具体课程领导过程中的决策、行为和由此产生的结果进行理性审视及分析，对先前的学校课程领导实践活动和经验教训进行客观分析、考量和评价，并通过自我学习以及与他人合作交流、学习，制订出新的行动方案，并且探寻出课程领导规律、转变思维及行为和改进领导学校的方式，进而既能提高校长自身课程领导水平，又能提高校长课程领导力。

2. 校长反思的实施

在校长成长中，反思应贯穿于其整个过程，一个反思过程的结束意味着下一个反思过程的开始:决策—实践—反思—调整决策—再实践—再反思。 提高反思的质量,克服反思的障碍,对于校长专业成长有重要意义,进而促进校长课程领导力的提高。

三、增强校长课程领导能力

校长课程领导强调的核心是把权力和权威进行再次分配,让全体教职员工共同承担学习以及行动任务。从这个角度来说,课程领导也是一个"赋权增能"的过程。所谓的赋权增能是指赋予校长课程决策的权力。就"权"来说,通过明确划分国家、地方、学校课程领导的权限范围,让校长能够真正拥有课程决策的权力。就"能"而言,校长可以通过转换自身的角色定位,整合校内外各种资源,建立课程领导共同体,从而不断提高自身的课程领导能力。

(一)实行课程领导分权,增强教师课程领导权力

由于受到分工明确、等级严格的现代科层管理体制的影响,大多数组织的工作在经过一段时间的发展之后,出现日益分化的情形,导致陷入了过度专门化的泥沼并且难以自拔。被视为"没有思考的机器"的组织雇员们,工作动机也极其弱。面对这样的情况,管理学界于20世纪50年代开始意识到雇员们参加其与工作相关事务的决策时,工作质量和生存率会得到前所未有的提高,进而强调雇员的赋权增能。在50年代的第二次教育改革浪潮时,美国发现了60年代开始的所有关于学校教育改革受到了各种力量的阻碍,并且停滞不前从而导致了失败,其中,重要原因之一就是教师被忽视。因此,人们开始意识到,教师应该是教育改革的先行者、主动者,而不应该被视为教育改革的对象。到了90年代,当时最响亮的口号就是教师的"赋权增能"和"教学专业化"。校长被要求拿出一些权力与教师共享,而并不是将权力付诸在教师身上。经过实践证明,教师的决策权力得到增加,对于教师的教学兴趣有很大的促进作用,以及能够提升教师对其工作和私人生活的自尊心,并且减少教师的疏离感,在一定意义上,教师参与决策能够使教师士气得到高涨、改善教师之间交往关系以及提高学生学习动机。赋权增能这一行为的实施能够使教师脱离那种"受雇者""装配生产线上的工人"

---

① 周成平. 魅力校长的修炼[M]. 南京:江苏人民出版社,2007.

的角色，并且拥有了领导者与专业人员的地位。

增强教师的个人权利包括"权"和"能"两个方面。就"权"而言，校长可以通过改革学校内部结构，让教师能够有机会参与学校范围内重大事件的决策，进而使他们被赋予基本的权威和责任。就"能"而言，在教师入职前设立比较高的标准，使教师在竞争达标的过程中能提高自身的能力，并且通过调动教师的积极性与主动性，使其专业知识能够得到不断更新和充实，进而达到赋权的目的。在新一轮国家新课程改革过程中，教师被赋予以下课程权力：教学自主权、课程领导权、专业发展权，这是紧跟国际教师权力发展的方向，也有助于校长提高课程领导能力。

教师的课程领导权力要得到增强，就应改变以往的角色认同，从原来的被动的接受者转变为现在的主动参与者，不仅要在观念上得到更新，而且还要改变自身的知识结构，使自己在课程理论方面的知识得到增加。作为课程权力主体的教师，更应该适应新的课程改革，在教材选择能力和创新能力方面进一步提高。

(二) 实行课程领导分权，增强学生课程领导权力

传统模式的学校建立了层级分明、等级森严的结构，形成领导者与被领导者之间或者行政人员与教师之间控制与被控制、监督与被监督的关系。在这种等级森严的层级结构中，学生被置于最低层，他们的兴趣、愿望、要求很难被真正考虑。

学生在课程领导中的权力最小，与教师相比较，更是一个弱势群体。尚处于成长阶段的学生，作为受教育的对象，他们的权力常常受到忽视。如果学生的权力能够在课程领导中得到发挥，那么他们的学习积极性将会明显提高。尽管学生作为未成年人，在行使课程权力中应该受到学校校长和家长的指导与支持，但这并不能成为压制学生行正确行使课程领导权力的理由。从教学的角度来看，增强学生的课程权力能够发挥学生的主体性。从政策的角度来看，学生的主体性得到发挥就是加强他们的课程权力。

增强学生的课程权力应该从课程选择权和教学选择权出发。尊重学生的选择权，可以使其形成不同发展特色的学生，当前许多学校为学生增加了选修课，这为学生自主行使课程选择权提供了便利条件。同时，学生还应该具有教学选择权，他们有权利选择自己喜欢的教学老师。因为这样不仅可以激发学生的学习兴趣，而且可以促进教师不断提高自身的教学水平。

学生被赋予课程领导权力作用的发挥程度，主要取决于校长、教师和家长对学生的调控能力。若仅仅是按照学生自己的主观意志来行使自身权力，那么就会偏离正轨走向杜威的儿童中心主义，会逐渐淡化国家的义务教育目标。教育需要的是对学生的发展进行一定的规定，这样学生才能够朝着有利于国家、家庭，有利于自己的方向发展。换句话说，加强学生的课程权力是调动学生学习积极性的有效策略之一。调动学生的学习积极性，促进他们的发展，也是提升校长课程领导力的一个重要方面。

（三）校长应提高课程执行能力

从校长自身来说，校长课程领导权力缺失的根本是缺乏课程领导的执行力，萨乔万尼把校长的领导力分为五个方面，即技术领导、人际领导、教育领导、象征领导及文化领导。[①] 而传统意义上的校长领导力更加重视的是前三种，其本质是通过控制来提高课程领导的能力，但现代意义上的校长领导力更加重视的是象征领导和文化领导，他们试图通过学校文化层次的变革来提高校长的课程执行力。因此，校长要落实课程领导权力，就应向象征领导和文化领导进行积极转变，通过构建学校的共同愿景，同时对自己的角色定位有所改变，推动课程改革发展，增强执行力，从而提高校长课程领导能力。

校长执行力的发挥主要是通过校本文化来影响全体教职员工的行为，所以在校长课程改革的过程中重要的是营造课程执行的文化氛围。我们可以看出，校长执行力能否得到充分发挥，学校的执行力是重要基本，激励机制是重要核心。因此，校长要重视课程执行文化的构建，努力优化整个课程文化环境，促进全体师生对课程政策的认同感，正确诱发教职工的工作动机，使他们通过实现自身的需要来实现组织目标，增加满意度，保持和发挥积极性和创造性。在这个基础之上，大家才能够响应和配合校长的执行。同时，校长课程执行方式的合理性和科学性将直接影响其执行力的发挥。作为校长，应该推行"走动式"领导，并且要树立榜样，带领学校领导队伍在教职工群体中"走动"，在学生群体中"走动"，更加深入了解学校课程发展的现状。因此，校长要提高课程的执行力，必须向象征型和文化型领导转型，通过构建课程执行力文化的途径，引导学校课程

---

① 托马斯·J.萨乔万尼. 校长学：一种反思性实践观 [M]. 张虹译. 上海：上海教育出版社，2004.

变革，进而使校长的课程领导能力得到提高。

四、积累实践经验：革新校长课程领导行为

有学者指出："课程问题既不是一个纯理论性的问题，也不是一个纯技术性问题，它首先应该是一个实践问题。"① 所以，校长课程领导要以实践为基准，不断在实践中积累经验，只有这样校长才能成为一个强有力的课程领导者。校长实践经验的积累，智慧的增加，依靠的是革新校长在课程领导中的行为。具体来说，校长积累实践经验的途径可以表现为以下具体行为：

（一）变革课程设计与规划

通过课程实施的具体情境分析进行学校课程设计与规划，制定出整个课程目标行动策略。所以，课程设计与规划应该被包括在校长课程领导行为之中。在实施具体课程领导过程中，校长考虑到多方面的利益因素，遵循国家课程标准的规范，依据学校的课程愿景，规划出适合学校长期发展的特色课程。

传统的课程规划与设计的方法，主要依据的是国家提供的资源去设计课程。由于受这种传统方法的局限，很多教师较少思考课程设计的本质意义、思考如何对课程进行适当修改和完善，使它能够更加适合某一类特定的学生。传统的课堂规划包括四个方面具体任务：一是确定具体目标；二是选择学习需要的活动和材料；三是组建学习材料；四是评价课程的学习效果。霍索恩（2006）认为，革新的课程领导基本理念是，所有的课程与教学设计与落实，都要考虑到学校是否能够从教育当中获得最佳的学习成果。学生在学习中应该具有深思熟虑、多重智慧、多元素养、合作努力以及个人感悟等性质，所以革新的课程领导实现根本性变革的合作过程，它需要教师、学生、家长、学校行政工作人员以及社区领导者共同组成的课程改革小组，参与到课程改革的过程中。在设计与规划的课程中，教育利益相关主体应考虑以下三个相互关联的步骤：

1. 协商校本课程的平台

革新的课程理念使教师、家长、学生和行政人员可以根据自己的信念，在审

---

① 钟启泉．从"行政权威"走向"专业权威"[J]．教育发展研究，2006（4A）．

阅、批判和修改标准的过程中能够积极发表自己的看法，他们在开始协商活动时，同时致力于以下方面的活动：

（1）他们描述并分析课程，在计划与政策、老师的思想与形象及使用的材料中表达课程；在课堂上实施和体验课程；反映在学生学习中的课程。

（2）他们分享有关特别有意义的、激动人心的课程经验及个人故事。

（3）他们分析国家和各个地区的经济、道德、文化、政治、科技、人际关系的未来的规划，思考这些规划的意义。

（4）他们检查国家的标准，其他团体开发的出色的课程规划，以及学生评估的其他形式。这些协商活动中构成了课程设计与规划的平台，指导和评价课程规划的目标及原则。这些平台是课程的关键，清楚地说明什么样的学习是有价值的。因为这一平台是由当地的教师和全体成员构建的，此平台最可能体现有关设计意义的共同理解。

2. 建构课程的整体观

当教育利益主体构建课程的整体观时，他们把下列因素融合进他们的具有连贯性的教育计划中，包括问题、论点或话题上，强调的是学生参与、学生问题解决和相关学习活动的重要形式，以及支持性的材料和设备等。各个小组的老师和共同体成员集思广益，共同讨论，从不同方面就具体建议展开辩论。当他们提出课程的整体观时，他们提供足够的观点与场景以解释平台的意义，分析教师所进行的创新的批判的规划。

3. 评估学生的学习

革新的教育对学校生活的质量和学生学习质量进行评估时，能够给学生提供有关他们自己的学习经验或是具有创造意义的能力信息。因而，当标准化考试成为革新评价一部分时，它们不会起到主导和控制的作用。现在出现了对学生进行评估的其他形式，有一种方法叫作表现性评估，表现性评估是指对学生在充满未知的、真实世界的问题情境中运用观点或技能的能力进行评定，而不是检测学生回忆和理解概念的能力。

通过革新的课程设计与规划的方法，校长与教师、家长、学生和行政官员不断讨论研究，创造性革新学校课程设计与规划。不仅包括学生课程规划的方案、学生学习需求的分析，还包括校内外学校可提供的资源，实施效果的评价手段等。此课程计划的设计要体现出学校独特的办学理念,还要反映出学生学习的实际需求。

(二)革新课程评价的方法

校长课程领导的行为是一个循序渐进的反馈过程,对课程与教学需要进行持续评价,在深刻了解课程实施的不足之后,及时为之寻求解决的方案。所以,在课程领导的过程中,校长应该恰当地对课程领导的角色、内容、行为以及结果进行评价,做到不仅能够了解课程计划实施过程中所遇到的问题,而且能够了解并且评估领导的效能。

与传统的评价不同,革新评价所包含的内容远远超出了获取有关学生成绩的考试分数这一项。它意味着更深入地探究课程的本质与质量,进而教育者可以为持续进行的课程设计、课程规划和课程产生的问题解决与决策过程提供支持。这种评价是反思性探究的特殊形式。课程评价的方法关键在于教育者如何去回答以下五个重要问题:

(1)评估内容由谁决定?学生、家长、教师、行政官员还是教育董事会成员?

(2)需要回答的问题是什么?比如,教师的策略会把学生引导到复杂的问题解决中去吗?用什么方法可以引导学生参与到课堂活动中?

(3)怎样收集与分析数据?是采访教师还是课堂观察?或者分析学生的思维?

(4)评判数据的标准是什么?通过材料的适用性或者是内容的真实性?

(5)由谁来分析数据、做出评判?教师或家长,还是其他人员?[①]

传统的教育者认为,由被推选出的教师组成的国家专业小组是评价内容的决定者;需要回答的问题是在学生的学业成绩评定中,客观标准化的测验是收集数据的主要形式;解释评判数据的标准是达到标准的程度,也就是效度;由教师来分析数据,做出判断,并应用判断的结果。

根据霍索恩指出,革新的教育者对这些问题的回答是,学生、教师、家长、行政人员都是积极的参与者,他们决定评估应该涵盖的地方的标准,应该使用什

---

① [美]詹姆斯·G.亨德森,理查德·D.霍索恩.革新的课程领导[M].志平等译.杭州:浙江教育出版社,2005.

么形式的探究等；评估问题主要涉及的方面有课程计划与实践的质量，学生学校生活的质量，学生学习的质量等；这些收集与分析数据的方法应该采用定性和定量的方式来获取；解释和判断数据的标准主要包括技术指标、教学标准和批判性的指标；每一个参与课程设计与规划的人都能参与分析数据，并应用判断的结果。

革新的课程评价应该像霍索恩所说的那样被包含于革新的课程领导之中，而这些评价包括找出实施过程的问题、保证持续工作的历程。因此，作为学校课程领导者，不仅需要带领学校全体教职员工发展课程，更要使学校成为具备竞争优势的组织，促进学校校本课程的发展。但校本课程的开发以及发展所凭借的是课程领导者能够持续进行教学与课程的评价及反馈，并且为之加以校正，所以课程评价是课程领导中的重要行为之一。

（三）校长应成为革新的课程领导者

革新的课程领导行为是实现校长课程领导力提升的关键，而革新的课程领导者应该对教育的宏图相当敏感，他们把革新的课程领导看成是教与学关系的核心，是可以从根本上变革传统教育的改革，是能够理解成功的改革，具有系统化的特点。更重要的是，潜在的革新的课程领导者忠于有责任感的专业道德，他们认为自己不仅仅是名教师，并意识到有必要合作工作，建立专业共同体和以关爱性、创造性、批判性、沉思性发展为标志的探究的专业文化。每一位革新的课程领导者的旅途都将是不同的。因此，我们只是为校长成为革新的课程领导者提供一些建议。

潜在的革新的课程领导者认为，必须实现教与学的根本转变，必须革新我们的教育体制，使其建立在民主、终身学习和持续发展的理想的基础之上。因为潜在的革新的课程领导者在传统教育的背景下经常独自拥有他们的信仰，他们的发展必须在有相似意向的专业人员的支持下才能进行。他们需要聚集在帕默所称的"一致性的共同体"之中。一致性的共同体可以在不同的情况下出现：教育领导中的正规学校计划、针对教师领导者和未来校长的革新的课程领导课程、校园内外的实地调查以及校本改革等。无论什么样的情况，它必须包括支持性专业共同体的两个关键因素。

（1）通过相互的信任、对信仰的培养和支持来肯定个人的道德规劝。忠诚的个人，需要赞扬他们的民主理想，并且支持他们的成长。如果一位老师能够与学生一起合作，建立共同管理班级、小组决策以及持续的发展和自我评价的规章，但他并不能得到校长强有力的支持，并且还要受到同事的排斥，最后的结果将导致教师放弃自身的理想。

（2）形成共同的语言，并找机会与有相似意向的人一起实践。革新的课程领导者需要把他们的直觉感受和道德规劝转变成有助于他们自己理解并可以使他们与他人清晰交流的语言，且能在专业上达成一致。

因此，革新的课程领导是用来描写民主社会生活的一个奇特术语，作为正在成长的校长们，必须倾听内心，谈论真理，构想正确的领导思想。作为课程领导行为的一部分，革新的课程领导不仅是校长的专业，更是其以后努力的方向。

第四章 从弱校精准帮扶探小学校长的教学领导力

第一节 小学校长的教学领导力概述

一、校长教学领导力内涵

校长教学领导力就是指校长在实际的教学管理中,有着教学价值观的塑造能力、教学总目标的设定力、教学核心问题的捕捉力、教学组织的指导力、教学条件的保障力,对于帮助教师顺利开展教学具有非常重要的作用。在实际的教学工作中,校长应该认识到教学领导力对自身发展的重要性,尤其是要注重实践锻炼活动的开展,以不断地增强自身的综合素养。

二、相关理论基础

(一)教学领导理论

教学的领导作为教育领导理论中最重要的组成部分,就相关资料显示,教学领导理论最早是由美国学者菲利普·海林杰提出来的。教学领导关注校长在领导教学上的职能，认为校长应该将自己的教学影响力发挥在教学领导方面。

起初，在教学领导理论兴起的时候，对教学领导的内涵、角色定位、作用还是停留在一些传统的教学任务中，针对性不强。在初期的教学领导理论中，人们开始是将行政决策作为教学理论中最重要的因素，主要作用就是影响教师的行为活动。在此过程中，是需要校长利用合适有效的行政手段，并且还应该根据本校的实际发展情况树立正确的教学行政目标以及配以合适有效的教学资源，以更好地开展教育教学活动。早期的教学领导是相对特别强调学校行政领导而提出的。凯林凯拉对直接与间接的教学领导进行了区分，他指出，单凭校长个人努力是无法达到学校教学领导的目的的。① 当然，在此期间，也有部分学者对认为教学领导是校长发展中最重要理论这套观念提出质疑，他们认为除了校长应该在教学领导中发挥出作用，教师更应该在教学领导中发挥出最大的作用。

总的来说，教学领导理论侧重于校长在教育领导上的职能，主要要求校长的职能应该发挥在教学领导方面，这是因为教学领导作为一个学校发展的核心内容。一般来说，教学领导思想的主要观点表现在以下几个方面：

第一，尽管父母是学生的第一任教师，对于提升学生的学习成绩具有非常大的作用，但是校长和教师在学生学习成绩方面也具有非常重要的作用，在学生学习中扮演着非常重要的角色。

第二，校长在开展教学管理工作中占有非常重要的作用，他的能力高低将直接影响学校管理工作效率的高低。这也就表明，在实际的教学管理工作中，如果校长没有一个改革意识，一个明确的改革态度，缺乏明确的改革精神，将致使校长教学管理工作难以开展下去。

第三，校长应正确认识到教学领导在教学管理工作的重要性，应注重教学理论的应用性，应全力将教学理论有效地应用于实际教学工作中。

当然，教学理论的作用远远不止如此，对于帮助校长设定教学目标、管理教师的教学以及学生的学习都占有一定的地位，作用性非常之大。

在20世纪90年代，海林杰与他的同事推出的模式是目前比较完整的教学领导模式，具有非常明确的代表性。开展教学领导模式我们应该从以下三个方面来

---

① Kleine – Kracht P. Indirect Instruction Leadership an Adm in Istrator's Choice [J]. Educational Adm in Istration Quarterly, 1993, 29 (2): 280-288.

进行。首先，应该明确学校的发展目标；其次，应根据学校的实际发展目标制定一个合适有效的管理教学方案；最后，为了更好地提升教学管理工作效率，应该营造良好和谐的校园氛围。

校长作为学校领导，要将教学专业知识运用于教学指导以及教学项目的开发和督导上，为教师提供咨询，开展督导、评价和师资培养从而提升学生的学习成绩，促进学校自身的发展。

(二) 变革型领导理论

就相关资料显示，变革型领导理论最早是在20世纪70年代由唐顿提出的，但那个时候的变革型领导理论还不够完善，而后经过多年的变革之后，伯恩斯开始对变革型领导理论进行了进一步的完善，对变革型领导理论进行了概念化，他认为变革型领导是领导者与成员之间相互提升道德及动机以便达到一个较高层次的过程。在这期间，需要校园领导重视校园成员内在动机的激发，并在价值和理想的层面上，对校园成员提出更高的要求，从而营造良好的校园氛围。

变革型领导理论的特点就在于，有利于促进校园领导与校园成员之间的有效沟通，拉近校园领导与校园成员之间的距离，构建良好和谐的上下属关系。巴斯和阿沃利奥认为，① 变革型领导风格和员工的组织信任之间存在着直接关系，有效的变革型领导能获取员工的信任。信任来自于对他人的认同感，② 认同感对于增强个人价值观具有非常重要的作用。变革型领导者能够通过自身的引导行为，建立共同的组织愿景，为员工提供更加个性化的服务，从而拉近员工与自身之间的距离感。另外，由于变革性领导本身的特点，可以激发员工工作的积极性，可以增强员工对自身、教学实际工作的认同感和归属感，可以让员工心悦诚服地学习、工作，从而不断地提升教学管理工作效率。

---

① Bass B. M., Avolio B. J. Transformational Leadership: A Re - sponse to Critiques [M] //MChemers M M, Ayman R. (Eds.). Leadership Theory and Research: Perspective and Directions [M]. San Diego: Academic Press, 1993.

② Lewicki R. J., Bunker B. B. Developing and Maintaining Trust in Work Relationships [C] //Mln Kramer R. M., Tyler T. R. (Eds.). Trust in organizations: Frontiers of Theory and Research [J]. Thousand Oaks, CA: Sage, 1995.

"弱校"精准帮扶视域下的小学校长领导力研究

第二节 小学校长教学领导力存在的问题及成因

一、存在的问题

(一)缺乏对教学领导力的意识

小学校长站在学校教育发展改革的最前沿,应该根据本校的实际发展情况明确一个正确合理的办学思路,深入教学一线,校长应该担任好这一责任,要以发展全校为主要任务。

就目前的发展情况来看,教育教学改革文件对校长应该担任的职责提出了以下几种要求。主要包括:校长应该根据本校的实际发展情况制定科学合理的教学方案,选择合理的教材,开发校本课程,开展合适的专业发展活动。

校长作为学校的领导、教学者,要求其应该具有较强的教学领导意识,虽然,没有明确要求精通全方位的知识,但应该具有较强的专家权和参照权,要有一颗热爱教学领导的心。然而,就目前的实际工作情况来看,现有的校长认为管理学校就是为了保证校园内不出现任何的问题,盲目地认为教学工作都是由专门的人来负责,所以不需要自己担心,从而把工作重心和精力放在学校的其他事务上。比如,目前,绝大多数的校长很少关注学校的教学以及课程资源的开发,也较少关注学校各项教学任务的执行和落实研究学校的校本化课程,更少深入到教学一线观摩参与学校的听评课以及学校的教学教研活动,当然,还有部分校长对于本校教师职工的任课情况、工作任务不够了解,更别提与教师职工构建良好的合作关系了。导致这些问题的主要原因就是,对于教学领导力的内涵认识不够,更别提如何提升教学领导力了。

(二)教学领导实践经验不足

校长的教学领导在学校各项工作中处于一个核心地位,对于提升整个学校能力具有非常重要的作用。结合当前的学校情况发现,绝大多数的校长都是将工作重心和精力放在了处理学校的行政事务上,而对学校的教学教育和课程情况只是象征性地关注,只是走形式,并没有落到实处。

现阶段,绝大多数的教师对校长的教学领导力还不够信任,当然,在构建关系上还是欠缺一点。大部分的教师都将校长的教学领导力当作是一种行政手段,尤其是他们盲目地认为,校长参与听评课只是用来检测他们的教学成果的手段。大多数教师觉得他们的校长对于"学校的日常事务安排"占用的时间最多,部分教师表示,他们的校长"在应付上级部门的检查"上所花费的时间最多。尤其是还有部分教师表示在日常工作中,校长在评价教师和学生方面所耗费的时间最多,而在课堂教学的开展方面所投入的时间和经费略显不足。就目前的工作现状来看,我国小学校长并没有把足够的精力和教育资源投入到教学管理工作中。

(三) 教育教学质量评价指标简单化

一个有效的教学评价制度是一个学校发展中最重要的组成部分,是学校发展不可缺少的一部分。新课程主要强调评价的教育调控发展功能,注重使被评价者均可以得到更好的发展,尊重学生的个体差异性,维护学生的自信心,要求校长根据现实情况采用多元化的评价机制,促进学校教育的快速发展。

然而,从当前的情况来看,绝大多数的学校还是沿用传统的评价方法来衡量教师的教育质量和学生的学习成绩,比如:分数评价方法,主要就是采用考试的方法来反映和评价教师的教育质量和学生的学习成绩,从而划分出教师的好坏、学生的好坏。虽然,传统的评价方法是可以在一定程度上真实反映出教师和学生的真实情况,但是从某种层面来说,容易削弱教师教学的积极性和学生学习的积极性,非常不利于学校教育的发展。

校长对于教师教学质量和学生的学习成绩的相关考核标准中存在非常大的困难,使得无法真实反映出当前教育状况,给教育的开展工作带来了许多困难。教育教学质量评价比较简单化,虽然绝大多数的人开始主张对教师及学生从过程的结果方面进行评价,也开始将教育评价的主体多元化,但是从现实的工作情况来看,绝大多数的学校还是侧重于结果性评价,严重忽略了过程性评价对于教师和学生发展的重要性。再加上,虽然我国已经开始大力改革应试教育,改变当前的教育背景,大力实行素质教育,但是绝大多数的学校并没有从应试教育的背景之下完全脱离出来,致使大部分的学校还是十分注重本校的升学率,这是因为升学率一直都是衡量学校教育成败的重要标志。当然，在这样的教育背景之下，校长也会更加注重学校的升学率和学生的分数，希望能够通过采用传统的评价机制来评定学校的好坏。

（四）教学专业知识技能欠缺

校长要想将自身的教学领导力的作用发挥到极致，就必须要有丰富的课程与教学领导方面的理论知识，能够准确把握各学科的发展情况，从而才能有针对性地指导各科教师，提高学校质量。但是，绝大多数的校长却将大部分的时间和精力放在行政业务工作安排上，在安排教学领导方面却显得力不从心，更可以说，校长根本没有把时间和精力放在教学领导工作方面，而是将教学工作完全分配给各个学科的教师和班主任，很少亲自涉及教育实践，致使教学领导工作质量得不到保证，也使得校长的教学领导行为越来越弱，这对于教学工作来说，是十分不利的。

二、制约小学校长教学领导力的因素

（一）校长自身因素

校长教学领导是一项长期性且具有专业性的工作。校长作为学校的管理者、领导者和教学者，应该扮演好教学领导的角色，要充分发挥好教学领导的作用，必须要不断地增强自身的专业素养，应该整体把握学校教育建设以及学会分析和研究各个学科之间的实际情况。校长要对学校的课程进行整体系统的思考和分析，以加强校长的教学领导力。但是，目前校长的思想还过于传统，在实际的教学管理工作中，还是沿用传统的教学管理思想，很难接受新的管理思想。尤其是有些校长的知识面非常狭窄，理论知识还不够成熟，对各科课程的视野比较狭隘，不习惯用新的思维模式进行思考和行动。还有些校长对课程掌握度不够，尤其是当面对一些陌生领域时则会显得无所适从，束手对策，无法及时地采取针对性的教学策略。也就是说，自身的专业素养、知识技能是校长能否充分发挥教学领导的重要因素。

除此之外，随着教育改革的不断深入，校长的心理负担、工作负担过于沉重，一是因为心理压力较大，二是因为工作内容较复杂，尤其是在面对这一大环境之下，校长开始对学校的未来产生憧憬，又会因为一些教育教学问题显得局促不安，不知道应该如何下手，非常的不知所措。主要表现在以下几个方面：校长持有的观念过于传统，不愿意接受新鲜事物，尤其是他们认为教学改革存在一定的风险，想到面对进行对未来不可预测的改革，不如就维持原有的学习现状，还不容易承担改革不良所造成后果的风险，这样的错误观念，容易限制学校教育的发展，对于学校发展来说是十分不利的。所以，为了改变学校的发展，首先校长应该转变传统的教学观念，正确认识到教学改革是时代背景下的发展趋势，应把握好教学改革力度，尤其是不断地提升自身的教学领导力，加强对各学科的了解及把握，以促进教育质量的提高。

(二) 学校师资水平

教师师资作为学校发展的重要因素，其教师队伍水平质量的高低将直接决定教育质量的高低。作为一个学校的校长，要想办出具有特色的学校，就必须要求加强和完善学校教师队伍结构，开发教师的潜能，以保证教师队伍质量。这个时候，就需要校长制定一个长期的发展目标，还需要制定一个短期且容易实现的发展目标。

在提升教师队伍质量的过程中，校长应该制定一个系统性的培训教师队伍，并且根据本校的实际发展情况制定出合适有效的培训方案和计划。当然，值得强调的一点就是，由于每个学校的情况不一样，这就集中表现在：年龄不一样、学历人才分布不均衡、职称结构分布不均、表现能力程度不同等。这些特点大大地增加了校长开展工作的难度。

在教学改革中，很多学校的教师流动性非常大，再加上近几年，随着教育改革的不断深入，教师的工作压力越来越大、工作内容越来越复杂，教师开始表现得力不从心，不知道应该如何提升教育质量。目前，有些教师师资队伍的年轻化越来越明显，但由于年轻教师的实践能力不够成熟，纵使掌握了丰富的理论知识，但由于实践经验不够，从而导致教育质量迟迟没有得到提升。所以，这个时候，需要大量经验丰富且实践能力强的骨干教师加入到小学教师的队伍当中。这就要求，校长根据本校的实际发展情况，努力培养年轻教师，并且适当地引入一批经验丰富的教师，以丰富师资队伍质量，完善教师队伍结构，从而实现小学师资力量价值的最大化。

(三) 教育制度的制约

在传统的教育制度管理体制之下，小学校长的领导作用并没有发挥出来，纵使在教育管理部门人员的努力之下，小学学校有了明显的进步，也基本上保证学校的办学方向，但由于管理方案、管理措施不过关，非常容易束缚校长的思维，不利于办学目标的实现。校长没必要做出什么改变，其主要工作就是遵从并且执行上级领导所颁布的教育政策以及相关的教育方案。一味地强势加入学校管理中，非常容易让校长养成一个依赖的思想，认为反正都有人管理，从而不再积极地管理学校。

"应试教育""升学率"等字眼在教育教学、教学管理工作中出现的频率非常高，由于长时间地频繁出现，致使校长和教师的关注点越来越在于此，过于关注学生的学习成绩而严重忽视了素质教育的开展，也导致校长的教学领导力无法更好地发挥出来。比如：在实际的教学管理工作中，有些小学校长十分注重学生的学习成绩，尤其是会将这种思想强加于教师的头上，从而对学生过分强调传授知识技能，过度强调知识的熟练程度，而忽视了学生学习技能、学习能力的培养，基于这种环境下培养出来的学生，虽然学习成绩有所提高，但是在其他方面却表现得不够理想，不利于学生的全面发展。再比如，有的校长会为了提高学生的学习成绩，会将学习范围局限于在课本的范围内，一味地让学生掌握书本上的知识，并没有根据学生的实际发展情况开展一些有趣的活动或者展开一些课外知识的传授，这种方法非常有碍学生创新意识的形成，创新能力的提升。众所周知，小学生与初中生、高中生相比，他们的学习集中力还不够强，所以需要教师通过多种渠道和教学方法来激发小学生的学习兴趣。

综上所述，作为学校的校长，必须做好榜样，并根据学校的具体学情，实施对学校的有效教学领导，转变固有的教学观念，改变当前的应试教育，从根本性出发，全面实施素质教育，在注重学生理论知识传授的基础上也多点精力培养学生的学习能力。

三、校长教学领导力形成与发展阶段及影响因素分析

（一）校长教学领导力各阶段特征及其影响因素分析

从图 4-1 中，我们不难看出，校长教学领导力的形成与发展主要可以分为

四个阶段,即准备期、萌芽期、形成期以及成熟期,是一步一步逐渐发展起来的。

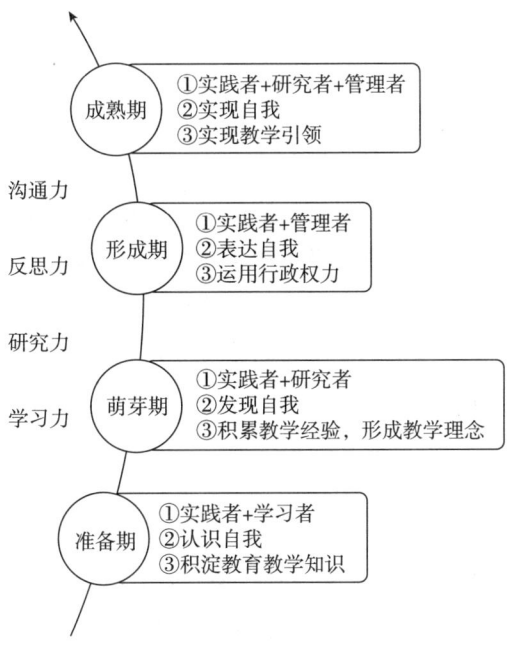

图4-1 校长教学领导力形成与发展阶段

1. 教学领导力的准备期及其影响因素

准备期也可以说成是职前学习阶段。如果我们单独从角色的角度看,就是充当一个学习者和实践者的角色;而如果从自我发展水平的角度看的话,就是一个认识自我、不断学习的过程,主要目的就是先认识自己的不足之处,然后通过在校学习实践,积淀教育教学知识,不断地掌握一些理论知识和科学文化知识,以不断地提升自身的综合素质,为未来工作的开展奠定坚实的基础。

要想更好地度过准备期,为后面的学习有更好的保证,首先就应该从根本性出发,再基于学校的实际情况分析能够影响准备期阶段质量的因素。根据实际工作情况发现,影响准备期的因素主要体现在以下两个方面:

(1) 个人兴趣爱好。众所周知,兴趣对一个人的学习具有非常重要的作用,只有先对学习产生兴趣,才能产生较强的学习动机,从而投入到学习当中去,尤其是个人的兴趣爱好对于以后的教学理念、教学风格、教学策略都会有一定的影响。所以，一定要注重学习兴趣的培养。

（2）个人的性格。性格主要包括：个体对生活的态度、工作的态度、调控行为的意志品质、稳定而独特的情绪活动方式等，这些都会对个体发展具有一定的影响。

2. 教学领导力的萌芽期及其影响因素

萌芽期也可以说是任教师期，这一阶段对于个体来说是非常重要的，既是教学能力提升的关键阶段，也是发挥教师教学领导力的时期。

如果我们单独从角色的角度来看，这个阶段的个体是一个实践者，是一个研究者。而如果从自我发展水平的角度看，是一个发现自我的阶段，主要有：自我的教学风格和发现自我在成长中所起到的作用。简单来说，这一阶段的发展过程就是，通过开展教学实践工作，从而积累一定的教学经验，养成良好的教学理念。

优秀校长能在教师群体里脱颖而出主要体现在以下两个方面：

（1）落实教学常规，因材施教，抓好教学质量。作为一个校长应该有丰富的教育经验，成为校长之前应该是一个好老师，是可以与教师一起讨论教育方案的人，当然，只有掌握了丰富的理论知识、教育经验，才能在教师群体中立足，才能让教师信服，从而心甘情愿地听从安排，进而与教师建立良好的合作关系，为提升教育质量奠定坚实的基础。

（2）应该不断地研究与分析。为了更好地提升教育教学质量，校长除了应该丰富自己的管理经验，还应该不断地研究新型的教学理论和教学方案，以便于更好地分享给教师，也能在此过程中提升自己的教学领导力。

3. 教学领导力的形成期及其影响因素

教学领导力的形成期也就是个体担任管理者的时期，这一阶段的个体不管在理论知识掌握方面，还是在实践能力方面都有所提高，所取得成效还是非常不错的。

如果我们单独从角色担任的角度来看，这个时期主要担任一个实践者、一个管理者，两个角色相互转换。从自我发展水平的角度来看，要求校长除了要扮演好教师这一角色之外，还应该清晰地表达自己的教学理念，以及学会在工作情况中找到亮点,并将这亮点放大。

就相关教育实践发现,处于形成期的教学领导力应该做好这两方面的工作:第一,做好榜样,以身作则,要起到管理和引领的作用,全力发挥出自己的作用。第二,要通过采用合适有效的教学管理策略、计划,以及开展多种多样的活动,促进教师的专业发展,全力提升本校师资队伍质量,形成强有力的人才力量。

那么影响形成期的因素又有哪些呢?主要体现在以下几个方面:校长作为学校发展的领导者、引路人,不应该拘泥于现状,而是应该激励教师进行改革,找到更合适的发展路子,有一个更有效的发展策略。同时,还应该重视教师在学校所扮演的角色以及重要性,要学会从日常生活中去关心教师,了解教师的真实需要,急教师所需,从而给予适当的关心和关怀,要尽可能地放低姿态,以一个民主平等的姿态走进教师的内心世界,从而拉近自己与校长之间的距离,进而让教师用一颗更加积极的心投入到教学工作中,有利于提升教育质量。

4. 教学领导力的成熟期及其影响因素

教学领导力的成熟期也就是说在个体继任校长之后,从角色的角度来看,这一阶段的校长主要扮演着实践者、研究者和管理者的角色。从自我发展水平的角度来看,校长处于自我实现阶段,是校长的教学领导才能和潜能得以充分发挥的阶段。从目前的发展情况来看,这一阶段的内容主要体现在以下几个方面:

(1) 示范引领。示范引领是教学领导中最重要的一个方面,这个时候,校长应该做好榜样,以身作则,要学会遵循教育教学规律,帮助教师找到正确有效的发展目标,理应发挥自身作用。

(2) 理念引领。不仅确立学校个性化的教育理念,还能在学校的教育教学工作中将自身的教育内化为教师的教学理念,要帮助教师养成良好积极的教育理念,为开展工作奠定坚实的基础。

(3) 参与引领。积极地引导教师参与到教育教学工作改革中,全力地调动起积极性,要让他们主动协同教育教学的专家,以及在参与的过程中不断地提升自身专业素质,进而掌握更多的理论知识。

(4) 策略引领。教学领导既是一种能力,又是一门艺术。要做一名好校长,就要用策略引领教学实践。用创新的思维和教学领导的智慧充分调动学校每一位教师的积极性。

(5) 评价引领。通过制定课堂教学评价标准来规范教师的教学行为,做到备课、上课、评课一张皮。

影响这一阶段的因素主要表现在三个方面：

（1）校长的影响力和感召力。影响力和感召力也可以说是校长的性格特点、人格魅力、崇尚的品德、丰富的学识能力以及个性化的管理方式等，这些都可以吸引教师的注意力，感染教师，从而积极地参与到学校教学改革工作中，进而拉近自身与教师之间的距离，让教师更加信服校长，这对于促进学校教育质量具有非常重要的作用。

（2）立足于实践。可以将校长教学领导分为三种类型：第一，引导式教学领导。校长用教学目标来管理教师教学和学生学习。第二，教学卷入式教学领导。校长关注课堂教学并参与到教学研究中。第三，保障式教学领导。校长为教师和教学提供资源和外部保障。①

（3）营造良好和谐的教学氛围。一个良好和谐的教学氛围不管是对于学校来说，还是对于校长自身发展来说，都具有非常大的意义。详细来说，教学氛围对校长有哪些影响呢？按照目前的工作内容来看，教学氛围对校长的发展主要体现在以下几个方面：第一，根据不同的学校教学氛围和教育教学传统提出符合学校发展的教学领导理念来树立合适有效的发展方向。第二，学校中层管理和教师在学校教研机制、教学活动中最有发言权，当然说话的内容也是具有分量的，所以，这个时候的校长应该多听从他们的意见，尊重他们的发言，以求找到更合适的发展方案，当然也有利于校长教学领导力的提升。第三，不同教研组和不同年级组的经验和做法对于校长教学理念的形成具有一定的影响。

（二）校长教学领导力各阶段转变因素分析

校长教学领导力在形成与发展的过程中是会经历转折的，比如从学生转折到教师，然后从教师转折到管理者，最后慢慢由一个管理者转折成为一个优秀的校长。众所周知，个体在经历每个阶段时都会面临一些不同的问题，要想更好地提升校长的教学领导力，就应该找到导致这些问题的因素。

1. 从职前到教师阶段的转变因素分析

从目前的教育工作时间来看，个体从学生转折到校长从中面临最大的一个问

---

① 李刚. 围绕教学，校长做了什么 [J]. 教育学术月刊，2015（1）.

题就是，所获得的理论知识无法灵活地转化为实践能力，从而容易削弱个体的自信心。而导致这些问题的因素主要体现在：学生对教师职业的憧憬与热爱，但由于理论知识无法灵活转化为实践能力，从而致使个体的自信心受挫。要想更好地完成转变，应该从以下几个方面入手。

（1）对教师职业的无比憧憬与热爱。没有对教师职业产生热爱之心，就不可能有爱的教育教学。只有对教师职业产生了热爱之心，才使得新教师善于反思、钻研，尽最大的努力给学生创造不拘泥于常规的课堂。

（2）不断完善自我素质是影响转变的内驱力。只有不断地改革与发展，不断地完善自己，以追求更高的层次。虽然，在出任教师的过程中，总是会遇到不同种类的问题和困惑，如果在此过程中，优秀的教师会不断地给自己设定目标，会不断地反思自己，找到问题的所在，并提出相应的解决措施，而一个不会反思的教师，当遇到问题时总是会选择逃避、回避的心态，一个问题还没有解决，又会遇到下一个问题，长此以往，教育效率越来越低，当然，教师也会变得越来越焦虑，甚至对教学工作产生厌烦的心理。因此，反思和总结对于开展教学具有非常大的帮助，并且学会推敲和分析在教学中所遇到的问题，更加积极地去应对教学中所存在的难题，只有这样才可以更好地实现教学目标。除此之外，同伴互助也是影响转变的一个重要因素，同伴之间可以通过相互观摩课堂、听评课、集体备课等方式，相互交流与互动、相互探讨，从而吸收更多的理论知识，掌握更多的教学方法，为顺利开展课堂教学奠定坚实的基础。

（3）"关键事件"和"关键人物"的出现。英国学者沃克最先提出教育学中关键事件的概念，他认为关键事件是"出现在教师个人生活中的重要事件，教师要围绕此事件作出某种关键性决策和选择，在一定程度上能改变教师特定发展方向"。教师职业发展的早期，"关键人物"的影响一般表现在师傅和教研员等引领者对教师的教学领导理念、学科专业水平、教学领导能力起到关键性的推动作用。通过参加公开课、研讨会，在集体研课、磨课的过程中，在师傅的带动下，总结积累了丰富的教育教学经验。师傅和教研员的点拨往往对新教师有豁然开朗、茅塞顿开的效果。由于初任教师教学风格和教学技巧还不成熟，因此对自身的教学风格的塑造起到了关键作用。

2. 从教师到管理者阶段的转变因素分析

从一名教师转变成为一名管理者，从中会面对诸多的问题，当然，对自身的教学领导力也提出了更高的要求,是需要个体更加努力地学习,以更好地面对大环境下的要求。详细做法具体如下。

(1) 作为一名教师,应该在教学过程中做好榜样,以身作则,多与同伴一起交流与互动,多给他们传授一些先进的教学理念和教学方法。

(2) 作为一名管理者,应该在做好相关的教育教学工作的同时,还应该做好相应的行政管理工作,要学会吸收先进的管理理念和管理方法,以促进学校管理效率的提升。

但值得注意的一点是,在担任管理者时,肯定会遇到诸多的问题,面临新的挑战和机遇,最具典型的问题主要有以下几点。

(1) 在开展工作的过程中,总是会面对教学领导和行政领导角色相互冲突。

(2) 超越自身学科,进行跨学科指导和课题研究中所存在的理论不足问题,理论知识还不够丰富。

(3) 领导教学改革时教师过于消极应对,使得教学改革工作受到阻力,工作效率得不到保证。

(4) 管理目标不够明确,管理方法和策略不够合理。

通过在实际教学工作的成绩来看,促使他们尽快适应管理者角色转变的因素主要体现在以下几个方面:

(1) 认清自我角色和职责,既要明确担任教师之后,应该担任的责任,担任管理者之后又应该面临的责任,要化解因为角色的转变导致部分工作无法开展,要学会不断地调整自己,从而化解两种角色的冲突。

(2) 不断地借鉴和学习补充实践中理论不足的缺陷。首先,通过自身的不断学习与研究,广泛吸收更多的理论知识,为开展教学实践奠定坚实的基础。其次,应该与其他学校建立良好平等的合作关系,相互沟通,共同促进管理能力的提升。最后,应积极地参加相关的培训活动,要有针对性地吸收学习经验,以促使教学领导力的提升。

(3) 作为一名管理者,应该将自己的作用都发挥出来,要扮演好一个沟通者的角色,既要与教师建立一个有效的沟通渠道,还要与学生家长建立一个沟通的渠道,从而更好地了解教师的需求、家长的需求,进而改变传统的教学管理策略。

(4) 把思考付诸实践,在实践中提高问题意识。对于经历的每一件事情都应该高度重视,要学会思考,学会分析,并学会在解决问题的过程中不断地提升教学领导水平,共同构建良好和谐的教学氛围。

3. 从管理者到校长阶段的转变因素分析

从一名管理者转变为一名校长,从开展普通的行政工作到控制全局,面临的问题肯定非常多,主要体现在以下几个方面:

(1) 教师对学校教学理念的认可度和执行度的问题。
(2) 作为一名优秀的校长,应该如何做好放权的工作。
(3) 在学校教学中所遇到的一些阶段性的问题。

要想让校长更快地进入角色,可以从以下几个方面着手:

(1) 不断地学习。应该不断地学习一些管理学方面的知识,以提升自身的管理水平,也便于更好地激发全校师生工作的积极性。
(2) 要有较强的教育情怀。经验积累,达到不断综合提升的过程。
(3) 专家引领。专家对校长转变的影响表现为对教学理论层面的提升、发展方向的引导,对教学实践层面上的帮助。

(三) 影响校长教学领导力形成与发展的共性因素分析

影响校长教学领导力的形成与发展最根本的因素就是,校长自身、学习力、研究力、反思力、沟通力始终贯穿于校长教学领导力形成与发展的全过程,也是影响校长教学领导力形成与发展的共性因素,如图4-2所示。

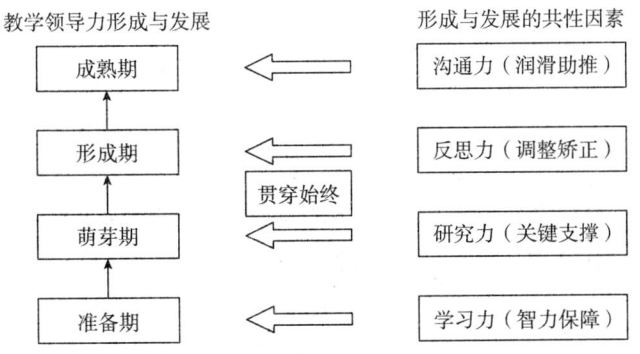

图4-2 影响校长教学领导力形成与发展的共性因素

从图4-2中,我们可以清楚地看到,在校长教学领导力形成中,沟通力、反思力、研究力、学习力这四种能力非常重要，是可以直接影响校长教学领导力提升的。

详细来说，学习力主要就是提高自身素质，也就是起到智力保障的作用；研究力也是对教学管理知识进行分析与探讨，也就是起到关键支撑作用；反思力就是反思在教学工作中所存在的问题和疑问，也就是说起到调整矫正的作用；沟通力就是与教师、学生家长建立良好的沟通平台，多了解教师的发展需求，急教师所需，也就是说起到润滑助推的作用。具体阐述如下：

1. 学习力提供智力保障作用

学习力主要包括：学习的意愿、学习的宽度和深度以及学习的自觉力等，而其中最重要的就是终身学习能力，该能力是会影响校长教学领导力形成的，应该强调学习力的提升。当然，要想更好地提升自身学习力，应该从每个阶段来加强。比如：在职前准备期，应该时刻保持学习的兴趣，多学习、多积累、多储备知识；在任教师期间，应该学会在教学实践工作中分析问题、发现问题，自觉修炼，以促进专业知识水平和专业能力的提升；在担任校长期间，应该树立正确的教学管理理念，要以终身学习理念为主，不断地学习，确定正确的发展目标。通过加强阅读、增强实践、不断反思，能及时地更新教育管理理念，以丰富自己的教育教学知识、学科教学知识、教学管理知识，尤其是在掌握知识的基础上还应该将其转化为实践能力。

除此之外，还应该摒弃传统的教学管理理念，做到与时俱进，走到时代前沿上，要及时掌握国内外教育改革与发展的趋势，广泛吸收更多的优秀管理经验，以便于更好地开展教育教学管理工作。

2. 研究力起到关键支撑作用

研究力主要就是在学习和教育教学的过程中，不断地分析问题、发现问题，以及解决在教育教学中所存在问题的能力。

详细来说，在职前准备的过程中，校长应该学习和研究有关于教育教学方面的专业知识以及学科专业方面的知识；在担任教师之前，应该多吸收一些先进的教育理念和教学方法，多为教学工作做出一些努力；在担任管理者时，应该研究如何推行教育理念，要通过多种教学策略促进教师的专业发展，促进教师队伍质量的提升；在担任校长期间，应该研究如何将先进的教育理念推行下去？如何带好教师队伍？

研究力在教学领导力形成与发展中各阶段的影响表现为：在职前准备期间，应该广泛吸收大量的理论知识，要善于钻研、善于改革，形成良好和谐的教学氛围。在担任教师时期，应该不断地提升自身教学技能，要研究出具有个性化的教学思想，并将其广泛推广于整个学校里；在担任管理者阶段，基于课题和教学实际，研究出适合学校发展的方法，研究出符合学校个性发展的有效策略；在担任校长期间，应该学会研究在学校发展中所存在问题的解决对策，要做到与时俱进，不断地更新与发展，从中发现更合适有效的解决对策。

在实际的教学管理工作中，有研究力的校长有利于激发教师工作的积极性，点燃教师工作的热情，能以研究者的身份深入一线，做好科研带头人的角色，从而促进学校的发展。

3. 反思力起到调整矫正作用

反思力是反观自身观念与行为，调整、提升、完善自身的能力，反思力是促进自身发展最重要的一项能力。

在职前准备阶段，拥有反思能力的学生有利于激发学习兴趣，不断地反思可以更好地了解自己的学习状况、思想状况；在担任教师期间，拥有反思能力的教师可以在实际的教学工作中通过反思，不断地了解教学的实际情况，从而及时地调整合适的教学方法和教学策略，保证教育质量；在担任管理者期间，有较强反思能力的管理者可以更好地开展管理工作，可以帮助教师了解当前的教学方法是否恰当；在担任校长期间，反思力的校长具备批判意识，善于观察教育现象、思考教育问题、提炼教育规律，善于反思自身的教学领导思想和行为。

对不同阶段的影响应该表现在以下几个方面，影响任课教师阶段是否形成恰当的教学理念和方法；影响担任管理者阶段教学领导是否顺利，能否快速有效地推行教学改革；影响担任校长期间教学领导的普适性能否更好地推广下去。

4. 沟通力起到润滑助推作用

沟通力是一个人与人之间的交流，是一个人应该掌握的基本能力。在校长教学领导力的形成与发展过程中，沟通力包含的方面非常多，比如：与教师之间的沟通、与领导之间的沟通、与学生之间的沟通。只有与人进行了良好的沟通与了解，才能真正知晓教师、学生的实际发展情况，从而采取针对性的策略，这对于未来教学工作来说是非常有利的。

在职期间，作为一名教师，通过与同事、教研员、师傅以及老教师等沟通，从而在沟通的过程中获得更多的理论知识和实践经验。当然，通过与学生的沟通，便于更好地了解学生的实际发展需要，急学生所需，从而引导教师展开策略；作为一名管理人员，沟通技能变得非常重要，管理者在学校中扮演着非常重要的角色，其作用不言而喻，是沟通校长和教师的桥梁。尤其是作为一个学校的校长，更应该知道沟通的重要性，除了要与教师进行沟通，还应该与学生家长、学生进行沟通与了解，良好的沟通，对于开展工作来说，是百利无一害的。

第三节 提升小学校长教学领导能力的策略

就相关资料显示，我国在进行基础教育改革的实验已经有十几年的历史了，虽然改革至今，基础教育新课程改革已经取得了良好的成效，但隐藏在课程背后的种种疑问和问题也已经慢慢地浮现出来了。作为学校的校长，更应该担起基础教育改革的责任，发挥出作用，要充分地发挥教学领导者的角色功能，应该明确教学领导力的意义，要广泛地吸收和借鉴新的管理理念和管理方案，要从根本性出发，多给教师创造一些可以发展的机会和空间，要慢慢地将教师转变成为"学习型教师""创新型教师"，以为学校配备一批高质量的教师队伍。教学领导力是校长应该掌握的一项能力，不管是在管理方面，还是在教育方面都占有一定的作用，只有提升了自身的教学领导力，才能使课程改革扎实有效地落实，以促进教育质量的提升。

一、主观方面

（一）主动提升自身的教学专业素养

就现阶段的工作情况来看，绝大多数的校长综合素质还不够成熟，尤其是在教学专业素养方面是需要加强的。校长是一所学校的核心，是不可缺少的主体力量,如前所述的教学专业素养是可以直接影响校长教学领导力的高低,是可以直接关系到校长教学领导的成效。

当然,在做好一名好校长之前,应该努力做好一个好教师,好的教育专家。校长作为"教师之师",应该不断地加强自身素养,要不断地吸收与借鉴新的教育教学理论,要不断地探索新的教育教学方法,要始终做到以身作则,并用自身修养素质来引领教师,走向正确的教育道路。

(二)转变思想观念,加强教学管理创新能力

领导教学者要善于把自己的思想变成大家的思想,要用自身魅力去吸引教师,用自身素质去感染教师,从而更加积极地投入到教学工作中。校长作为学校教学的领军人物,必须明确自己的教学管理方式方法,并以之领导全校教学。

长期以来,由于受传统教育观念以及传统管理体制的影响,绝大多数的小学校长在领导行为上通常表现为一种集权领导或是行政权威领导。在实际的工作情况中,绝大多数的小学校长都是采用传统的管理方法和管理体制进行管理的,基本上都是依靠对教师的奖励和处罚为权利基础进行学校教育教学管理运作,虽然,从工作成效来看,由于这种管理方法缺乏活力,灵活性不够强,缺乏民主,无法与教师建立良好的沟通渠道,特别容易削弱教师的主观能动性,长此以往,容易导致教师形成固有的教学工作模式,成为一个名副其实的"只会按固定要求教学的教书匠",创新精神不强,特别容易影响课堂教学的有效性,不利于教学活动的开展。

教学领导是教育当下一种新型的学校管理理念,当然,这套理念也是时代背景下的发展趋势。随着新课程的不断推进,对教学领导者的要求越来越高,开始面临新的挑战与机遇,这对于校长来说也是一样的。新课标对现阶段学校的校长有了新的要求:树立正确的教学目标,新型的管理理念以及具有较强的创新意识和创新精神,要具有成熟的教学管理创新能力,当然,值得强调的一点就是,在引领教师发展的过程中,应该结合本校的实际发展情况来实施管理制度,而不只是一味地照搬其他学校的,只有符合实际的管理措施和方案,才能达到管理的目的,也才有利于管理效率的提升。

(三)完善教师考核体系和教学监控体系,提高教学监控能力

不断健全和完善教师考核体系和教学监控体系,是提升校长教学领导力的有

效途径之一。其中校长对教师和学生发展的教学监控系统,应该成为教学领导力的着力点。这就需要校长深入到教学一线中,要学会听取教师和学生的实际需求,多与他们沟通,了解他们的实际发展情况,观察教师和学生在课堂上所表现出的情况,定时地或者偶尔查看教师的备课资料和批改作业的情况等,从而了解一线的真实情况,进而进行更加合理的监控,做到心中有数。

(四)调整教学领导的关注视角

来自学校效能领域的研究发现,高效能学校的校长通常把提高教学质量、促进学生发展作为学校管理工作的首要目标,创造一种共享的价值观,引领所有学校成员的行为。① 学校的软环境主要是指教育领导重视,教师之间的合作、交流与分享。良好的、有利于实施教学引领和管理的学校文化对于教学、管理体制具有非常重要的作用。

校长的教学领导力如果仅仅落实教学活动、完善教师考核体系和教学监控体系方面,是无法将教学领导力的作用更好地发挥出来的。如果让每一位教师都成为教学指导者,同时也接受别人的指导,那就是文化的力量。②

构建制度,既是一种约束,也是一种手段。在校内构建有效的制度,不管是对于教师来说,还是学生发展来说,都是有利的,当然,仅仅这些是不够的,还需要进一步地优化和完善。以教学文化为中心的学校文化是一种价值的引领,也是一种思想的生成。所以,在实际的教学工作中,应该根据实际的学校发展情况做出一些改变,将教学文化贯彻落实于校园管理中,以促进教育教学活动的开展。

(五)提高沟通能力,进一步扩大教学领导视野

沟通是管理工作者应该具备的基本能力之一,对开展工作具有非常重要的作用。沟通是一个互动的过程,良好的沟通是开展有效工作的前提条件。作为学校的校长,沟通对象非常多,当然,所覆盖的范围也是非常广泛的,沟通对象主要有:上级主管部门、社会各界、家长以及学校的各阶段管理工作者、教师和学生,所以,校长一定要具备较强的沟通能力。当然,值得注意的一点就是,不同

---

① 程晋宽. 学校效能研究:理论、实践与争论 [M]. 北京:教育科学出版社,2007.
② 王铁军. 校长领导力修炼 [M]. 上海:华东师范大学出版社,2010.

的沟通对象也应该采用不同的沟通方式、沟通策略。有效的沟通策略，是可以及时地了解对方的心理状况，体会到对方的情绪，达到沟通的目的。

然而，在传统的教学中，绝大多数的学校领导并没有意识到沟通的重要性，认为只要进行强制性的管理，制定有效的管理措施，就可以达到约束的作用，从而促进管理水平的提升，所以一直以来进行的都是"闭门教育和教学"，但是这种"闭门政策"容易影响校园管理效率，导致校园资源的浪费。比如：在教学领导理念实施的过程中，很多校长都没能开发教师层面的教学领导，独揽教学领导各项大权。尤其是当前的校外资源和环境，绝大多数的校长都没有整合资源的能力，更别提是利用资源的能力。

1. 扩大参与层面，挖掘校内教师资源

现阶段，绝大多数的教师在开展教学工作中总是显得缩手缩脚，不能大展拳脚，教师的教学改革积极性不高，而导致这个问题的原因就在于，校长在管理工作中，并没有将教学领导权下放，也严重忽视了对校内教师资源的利用，使得教师的主体性不强，从而在实际工作中，不能更好地配合校长开展工作，进而影响整个工作效率。

随着新课程的不断深入，管理体制开始趋向完善，当然，国家的教育部门也开始进行改变，提出了教学指引和管理、综合实践活动等内容，同时也要求校长应该根据实际的发展适当地放权，尊重教师的主体性，要深度挖掘教师层面的教学领导资源，鼓励教师积极地参与到学术科研活动中来，以激发教师的主观能动性，这样一来，既可以让教师感受到来自校长的关爱与支持，建立良好的合作关系，便于以后工作的开展，还有利于提升教师的教学领导力。

当然，值得注意的一点就是，单靠校长一个人来不断提升自身的教学领导力是远远不够的，还需要国家教育部门人员的支持，以及调动起全校师生的积极性，只有共同促进、共同发展，才能为校长的发展创建一个更好的学校氛围。

2. 整合外部环境，充分利用校外资源

如前文所述，校长的教学领导力的高低是可以直接影响整个学校的发展的，所以，一定要不断地提升教学领导力，通过整合外部环境，利用校外资源也是有效渠道之一。

众所周知，教学领导属于一个比较新颖的管理理念，所以，它的实施还是处于依赖一个良好的校外环境，当然也少不了校内环境的支撑。校长应该善于筛选和整合校外环境与资源，尤其是应该与外部世界建立良好的合作关系，比如：社区、团体和机构，将社会力量都集中起来，与他们建立良好的合作关系，建立一个可以联系的平台，便于及时地与他们联系，了解他们的真实情况。另外，还应该加大教育管理理念的宣传力度，要让社会人员对当下的管理理念和管理体制有一定的了解，能够让他们知道校长采取管理的作用，从而积极地配合校长的管理工作。当然，如果在此过程中，还能得到更加专业的人员支持，辅助校长教学领导力的提升，将收获更大的效果，会让校长的教学领导之路变得更加宽广，不迷茫。

综上所述，校长应该将社会中的各个力量都集中起来，并学会运用丰富的人脉资源，并且将校外资源有效地引进校园中，从而形成一个有效的发展体系，为教学领导的贯彻落实提供一定的保障。

（六）合理、科学安排教学实施行为的时间

校长对教学领导力的满意度与其参与教学领导行为的频度存在显著的正相关系。也就是说，校长教学领导力提高的一个显著标志是教学领导行为频度的增加。①

校长的事务非常多且复杂，为了让自己更好地处理工作，把教学任务和学科任务都分配于教师身上，而自己主要负责一般的事务和处理人际关系上。虽然，校长的角色定位是行政领导和教学领导两者的综合体，但由于认识不够到位，再加上校长的精力有限，使得两种角色发生了一些无形的冲突，影响着整个工作效率。

就目前的发展趋势来看，绝大多数的校长把工作重心和精力都集中在处理学校行政事务上，并没有太多的时间去关心教学管理工作，更有甚者认为教学工作本应该就由教师负责，自己只要处理好行政任务即可。虽然，校长这种思想不够正确，但我们也应该认识到校长的精力和时间都是有限的，身兼数职是不行，不仅会让校长有心理负担，还容易影响工作效率，所以要求校长既要关注行政领导上，又要将时间和精力放在教学领导上，根本就是不现实的，这就需要校长对工作任务有一个明确的划分，分配好时间和精力，从一些基本的行政工作中脱离出

---

① 赵茜，刘景．我国校长教学领导力模型研究［J］．中小学管理，2010（3）．

来，学会去处理一些教学工作。

二、客观方面

（一）尽可能地减少行政干预

无关"教学领导"的会议与活动也是致使校长教学领导低下最重要的一个因素。这是因为，有些部门为了"走过场"，会经常性地开展一些可有可无的会议，开展的会议内容与教学和管理工作其实并没有多大的联系，占用了校长大量的时间。

面对此情况，教育行政部门应该自省，减少一些会议，尽可能地降低开会的频率，尤其是应该将会议内容集中在教学管理上，而不是一些可有可无的内容，多给校长留一些时间，让其有更多的时间投入到教学领导中。只有这样，才可以不断地提升校长的教学领导力。

（二）开展一系列的培训活动

1. 采用有效、灵活的培训方式，培训周期科学合理

培训与校长教学领导力的提升具有非常重要的作用，是可以从根本上解决校长教学领导力不强的问题。但是，在传统的工作实践中，我们不难发现，校长培训活动并不灵活，缺乏对校长"时然"研究基础上的针对性培训，使之对实际教学工作的指导受到一定程度的限制，从而影响了校长教学领导力的提升。

基于此，在开展校长培训活动的过程中，应该从实际的角度出发，要根据校长的性别、年龄、任教学科、当今教育改革的重点和难点量身定制不同的培训计划，而不是面对所有的培训，要加强培训活动的实效性，以及注重理论联系实践活动，做到内外课程的联合，全面提升校长的教学领导力。

另外，在制定培训周期时，也应该根据校长的实际发展情况以及遵循"劳逸结合"的原则进行制定，而不是想制定多少天就制定多少天，只有符合被培训者的特点，才能发挥出作用。就相关教育工作实践表明，培训周期保持在 7～10 天最为适宜。

2. 请专家亲自莅临学校进行指导

众所周知，不同层次的学校，校长的教学领导力是不一样的，再加上，校长的年龄、性别、学习能力、教育背景的不同，所表现的情况又是不一样的，这个时候就需要培训机构进行宏观调控，根据培训群体进行科学合理的培训需求，也就是说，不管开展什么样的培训活动，制定什么样的培训内容，都应该从实际情况出发，做到以人为本，才能起到效果。

传统的培训活动，相关部门就会采用理论知识讲解的形式，虽然，这种培训形式可以在一定程度上提高校长的教学领导力，但容易削弱校长的学习兴趣，这种理论式的传授，会让校长觉得很无聊。所以，要想更好地提升校长的教学领导力，应该改变培训形式，采用更加新颖的培训形式，制定更有序的培训内容，激起校长的学习兴趣，这对于校长的发展来说是十分有利的。比如：请一些专家到校指导，用自身经验去引导校长，将收获更大的效果。

3. 加强与大学的合作关系，采用"订单式"培训模式

充分利用现有资源与教育发展基础，大力加强与大学伙伴合作的关系，充分发挥大学教育培训优势，致力于校长专业能力的提升。重视大学在基础教育发展的重要性，切实充分利用好大学的教育资源优势，聘请大学专业培训机构"诊断"当地校长教学领导力培训需求，按照需求设计培训内容和方法，加强分类分层次培训，培训内容要具有针对性、可行性和前瞻性。不同层次的学校，校长教学领导力存在显著差距，这需要培训机构宏观调控，根据培训群体进行科学、合理的培训需求调研和分析，确定培训群体最满意的"订单"，从根本上改进培训活动，提高培训内容和方式的有效性，达到培训的真正目的。

（三）加大对非发达地区基础教育的投入

教育投入对于一个学校来说是非常重要的，如果没有足够的教育投入，将会让学校陷入一个资源缺乏的困境，更别提如何提升校长的教学领导力了。尤其是对于一些经济不是很发达的地区，教育投入显得尤其重要。我们可以从以下几个方面入手：

第一，要以教育立法的形式规定国家、地方政府对教育的投入，还应该有一个明确的规定，并规定投入的比例和数量。与此同时，还应该加强国家相关部门

人员的认识,要让他们知道教育投入是有明确规定的,而不是随意投入,只有根据比例和数量进行教育投入,才能帮助学校走出困境。

第二,保证各级财政拨款是保证教育投入的主渠道。可以从两个方面来实现,一方面,在安排预算时,应该达到整个教育的发展需求,预算一定要充足。另一方面,应该加大中央和省级政府对经济欠发达地区基础教育的转移支付力度。当然,除了国家教育部门的努力之外,作为学校的校长也应该认识到合理利用教育投入的重要性,要注意合理地分配教育投入。

多渠道加强对经济欠发达地区小学基础教育的投资,缓解校长的经济压力。在发达城市的农村,随着城镇化进程的加快,小型企业的崛起,一些产业界和社会人士手中占有的资金越来越多。与此同时,教育也越来越受到家长、社区的重视。在这样的条件下,教育界应努力争取产业界和社会人士对教育的捐助,这是可能的,也是可行的。①

(四)改进校长评价考核体系

教育行政主管部门要根据校长教学领导力的标准有效地改革和改进校长评价考核制度,把校长的行为引导到促进其关注教学、促进教师和学生发展的方向上。校长评价考核体系中应尽力做到以下几点:

第一,明确学校行政权责的归属,以避免校长担负无限的行政责任,而妨碍了对教学的关注。

第二,确立校长教学领导的角色功能,规划出具体的任务要求,如每周应代多少节课,每学期应进入课堂听、评多少节课,每学期参加多少次教学教研活动等。

第三,经过研讨可设定出一套适合本区区情的"校长教学领导力考核量表",在校长的年度考核和奖励制度中,将此作为工作实绩的考核和指引。

第四,评价考核主体上,要把个人评价考核和团队评价考核结合起来。

第五,评价方式上,不能仅仅依赖量化的评估,更要重视质性描述的重要作用。

---

① 殷爱荪,周川. 校长与教育家 [M]. 福州:福建教育出版社,2004.

第五章 从弱校精准帮扶探小学校长的信息化领导力

第一节 小学校长的信息化领导力概述

一、概念界定

(一) 信息化领导力

通过相关文献,信息化领导力其实就是指领导者能够熟练地掌握信息化时代下的各项技术能力,运用现代化技术能力来进行管理。概括来说,信息化领导力就是领导者在信息情境之下所运用的能力。

(二) 校长信息化领导力

校长作为学校最重要的组成部分,作为学校行政的最高实施者,其一言一行都代表着学校的形象,其重要性不言而喻。在传统的学校中,校长扮演更多的是一位最高管理者,而随着教育改革的不断深入,校长在学校所扮演的角色开始逐渐发生变化,不再只是一位管理者,也是一位研究者。

近几年,通过不同的教育实践发现,绝大多数的领导已经从纵向式向分布式的方向发展,当然,这一发展趋势对于学校而言是有利的。另外,部分学者也开始意识到,学校领导体制主要就是在校长负责制的前提之下,由传统的校长集权逐渐向校长、中层领导、教师的方向转移,不再单单由校长一个人做主,而是由多个阶层的人共同商议、制定,以保证方案的合理性。而信息化领导力作为学校管理中最重要的能力之一,标志着学校信息化的能力水平。如前所述,校长作为学校行政中最高的实施者,其更应该加强自身的信息化领导,学会用信息化时代下的技术和手段管理学校,以加快学校信息化水平。

(三)校长信息化领导力的构成

从以上内容中,可以简要地总结出,校长信息化领导力是校长能够影响和带领学校队伍,增强学校信息化能力。因此,校长信息化领导力的构成主要分为两个方面:第一,校长在信息技术上的个人影响力,能否带领学校队伍共同走向信息化的道路;第二,校长在学校中所占有的信息化工作权利。

2009年美国教育技术协会修订并实施的《面向管理者的美国教育技术标准》,对教育管理者的工作任务、工作内容有明确的要求,而校长作为教育管理者之一,理应遵循其原则。《面向管理者的美国教育技术标准》主要就是从愿景领导力、如何营造一个数字化、信息化的学习氛围、成熟的教育能力以及数字公民入手的。

当然,我国也制定了相关的政策,比如《中小学教师教育技术能力标准》,其中就对学校管理者的信息技术能力有了明确的规定和要求,主要包括以下几个方面的内容:第一,学校管理者在应用教育技术中所持有的意识和态度;第二,应用教育技术的能力;第三,应有一颗敢于创新的心,坚持将应用教育发展成为教育管理中最重要的组成部分;第四,应用教育技术的社会责任等。华东师范大学的肖玉敏博士从四个方面对校长技术领导力进行职业范围的界定:技术相关政策、技术相关管理、技术相关评价、技术相关服务。[①]

孙祯祥教授结合我国的实际情况,参考了国内外相关文献著作,归纳总结出了我国小学校长信息化领导力的工作构成,一共包括五大模块:学校信息化系统的规划与建设、学校信息化人力资源建设、学校信息化教学应用与引领、学校信

---

① 肖玉敏.决策管理服务评价——理解校长的技术领导力[J].中小学信息技术教育,2007(11).

息化应用中的经验总结与评估、学校信息文化氛围的构建等。①

校长个人的影响力也是校长信息化领导能力最重要的一个构成部分,主要包括:校长的信息化意识、校长传递学校信息化愿景理念的能力、校长在信息化情境之下所持有的人际沟通能力、个人魅力以及个人责任感等。

综上所述,校长的个人影响力是校长信息化领导力工作构成的重要基础部分,信息化系统的规划建设和人力资源建设为信息化实际教学的应用和管理提供了更多的有利条件,从而营造信息化的教学管理氛围。

二、理论基础

(一) 领导理论

领导理论是研究领导有效性的理论,是管理学理论研究的热点之一。领导理论大致可分为领导特质理论、领导行为理论、权变领导理论和新领导理论四个理论学派②。

领导理论主张的内容主要有:第一,领导身上应该有与学校其他管理层不一样的特性和品质,能够更加合理地管理学校,比如进行学校领导层的选拔,学校领导层信息化教学能力的培养等;第二,领导者的教学行为、管理行为与管理效率有着直接的关系,教学行为、管理行为是否采用得当,都将直接影响质量,这就要求校长在进行管理的过程中,应该注意行为的采用,应与实际情况相联系,只有恰当的行为,才能获得效果。

领导理论的出现为提升校长的信息化教学领导力提供了丰富的理论支撑,帮助校长更加准确地进行角色定位,如何应对信息化时代下的学校管理,要求校长应该不断地锻炼和提升自己的领导能力,积极地学习先进的信息化知识,与时俱进,以强化自己的能力,促进管理效率的提升。

(二) 信息技术与课程深层次整合理论

随着科学技术的不断发展,各项技术手段开始涌现于各大教学中,出现在教

---

① 孙祯祥. 校长信息化领导力的构成与模型 [J]. 现代远距离教育, 2010 (2).
② 姜凌燕. 领导理论的历史发展与演变 [J]. 领导科学, 2009 (26).

育者的视野之中,就此,如何将信息技术与课程有效地结合在一起,部分教育者开始不断地探索与挖掘信息技术的优势,正确将信息技术有效地融合在课程改革与管理中,以便于将信息技术的作用最大化,同时也为了更好地保证教育质量。虽然,近几年信息技术在课程改革的应用程度越来越高,但由于在实际的教学中,教师对信息技术与课程整合的认识还不够深入,并没有完美地将信息技术与课程融合在一起,严重影响了课程质量。针对信息技术与课程整合的目标不清楚、内涵不了解、方法不掌握的问题,何克抗教授提出了信息技术与课程深层次整合的理论。[①] 他认为我们不应该只是单纯地把信息技术当作一种教学工具,而是应该利用信息技术努力营造出更加轻松愉快、充满乐趣的教学氛围,以激发学生的学习兴趣。与此同时,他还要求实施以"教师为主导,学生为主体"的信息化教学模式,改变传统的课堂教学模式,将学生的主观能动性强化出来,而不再只是教师在讲台上唱独角戏。

值得注意的一点就是,何克抗教授还积极地借鉴了美国教育技术 CEO 在第三年度报告中的信息技术与课程教学整合的步骤,并做出了适当的改动,更能符合本国课程教学的步骤。步骤如下:第一,确定一个合适有效的教学目标。在制定教学目标的过程中,要求教育者与学校的信息化教学设施、数字化资源、教育者的信息技术应用度相结合,只有这样才能保证教学目标的完整性和合理性,也才有利于教学目标的实现。第二,课程效果必须符合评价测量标准的要求。第三,根据第二步骤进行反复的推敲和实践,从而根据结果及时地调整模式,以强化信息技术与课程教学的融合度。

信息技术与课程教学的融合既是时代发展的趋势,也是新教学发展的需要。信息技术与课程深层次整合这套理论明确地指出了,信息技术的优势、两者融合的方法和模式,当然还有未来信息技术与课程教学的发展方向。通过教学实践我们发现,这套理论不仅对开展信息化教学有很大的帮助,而且还有利于校长信息化教学领导力的增强,具有一定的指导意义,是值得我们借鉴与应用的。

(三)教师专业发展的基本理论

教师专业发展顾名思义就是指作为从事教育工作者的从业者,在实际的教学中,所表现出的专业思想、专业知识、专业能力等方面由生疏到熟练、由单一到

---

① 何克抗. 信息技术与课程深层次整合的理论与方法 [J]. 电化教育研究, 2005 (1).

多元的一个过程。这就需要教育者不断地学习与研究新的知识，不断地改革与创新教学模式。其区别在于教育短期从业者，教师专业发展是教师在长时间的教育实践中，通过学习、交流、摸索、实践中逐步提高自身素养的过程，以便更好地开展课堂教学，为实现教学目标奠定坚实的基础。近几年，虽然绝大多数的教育者都逐渐认识到自身能力的不足，开始积极地学习与实践，不断地提高自身的能力，但由于不同的教师在个人学习、智力、经验等方面的差异性，其个体表现出了非常大的差异性，因而整个教师团队呈现出了一定的阶段性。

目前，把教师专业发展理论分为了四个阶段，主要表现在以下几个方面：

1. 准备阶段

这个主要就是指教师刚入职场，正由学生到教师转变的时期，是教师的学习阶段，是教师将学习到、吸收到的知识内化的过程，开始进行专业化学习，当然，这个阶段也是教师适应教学环境的过程。

2. 新手阶段

这是继准备阶段教师掌握一定基础教学知识之后正式走入课堂，实施教学的探索阶段，该时期的教师开始将一些理论知识转化成教学技能，开始慢慢模仿专业教师的授课方式，这个时期的教师渴望得到认可。

3. 成熟阶段

经过长时间的探索与实践，教师开始逐渐掌握了备课、授课、评价反思的教学流程，与此同时，开始摸索符合自身风格的教学模式，开始质疑一些传统的教学方法，产生了尝试新方法的想法，比如信息技术、多媒体技术等。

4. 专家阶段

教师经过不断改进旧的教学方式，多次尝试并检验新的教学理念的反复过程之后，开始逐渐找到了符合自身特点、适合学生学习风格的教学方法，在教学方面也开始从生疏到熟练，做到得心应手，正逐渐从一位新手教师慢慢蜕变成一位专业教师。

通过教育实践发现，教师专业发展阶段理论的出现，为教师的专业发展指明了一个明确的方向，当然也为校长教学领导能力的实施奠定了坚实的基础。这套理论让校长开始关心教师的教学工作,指正教师的不足之处,用一个更加科学合理的培养模式来强化教师的教学能力。

(四) 面向信息化的教师专业发展阶段理论

教育信息化对教师能力的要求,使得面向信息化的教师专业发展成为了教师专业发展研究领域的热点。随着教育改革的不断深入,人们对教师的要求越来越高,除了要求教师有成熟的教学能力,也要求教师有一颗敢于创新的心,能够熟练地运用信息技术,以营造良好的信息化教学氛围,而这些也是教师专业发展过程的必经之路,是每个教师都应该经历的事情。经余胜泉、梁文鑫等学者的研究①,站在一个生态学的角度将面向信息化的教师专业发展阶段分为四个阶段。

1. 生态突变期的学习、模仿与尝试使用阶段

教师通过参加相关的信息化教学培训课程,开始参观一些学习信息化教学的课堂,也逐渐认识到信息技术的应用对于提升课堂教学效率的作用,从而开始主动地将信息技术引进课堂中。处于这个阶段的教师,必须要投入大量的时间和精力,全身心地投入到信息技术的学习中去,当然,这个时候,教师心中对学好与否有疑惑,这个时候就需要校长带领学校的领导层积极地引导教师的心理,帮助他们树立一个良好的心态。

2. 生态进化期的困惑、怀疑阶段

虽然,教师也认识到了信息技术对于课堂教学效率的作用,但由于在授课的过程中,如采用新的教学模式进行备课和教学,会觉得有点迟疑或者因工作压力的增加,部分教师开始处于一个怀疑的态度,思考是否还应该继续应用信息技术。再加上,刚开始信息技术的应用,教学效果不够明显,需要教师坚持应用,由于教学效率迟迟没有得到提升,因而教师开始放弃信息技术的应用,继续采用传统且熟悉的教学模式。

3. 生态融合期的确定应用阶段

随着新技术使用熟练程度的提高,教学效果逐渐显现出来,部分教师开始思

---

① 梁文鑫,余胜泉,吴一鸣. 面向信息化的教师专业发展阶段描述与促进策略研究 [J]. 教师教育研究,2008 (1).

考技术与教学之间的关系,开始思考信息技术适合教学的准备阶段、授课阶段还是课后阶段,不再是教学适应技术,为使用技术而改变,开始认识到信息技术是为了教学而出现的,是帮助自己更好地开展教学,让教学内容变得轻松,教学环节更加简单,教学效果更加明显。

4. 生态平衡期的创新应用阶段

这个阶段的教师已经能够清楚地认识到信息技术的优势和劣势,也能灵活运用信息技术,从而教师的关注点开始由技术到课堂教学,开始站在一个教学的角度去思考技术、判断技术,开始尝试技术与教学的融合方式,以求获得最大的教学效果。

如前面一样,面向信息化的教师专业发展理论,一方面分析了教师在专业过程中所遇到的一些问题,并提出了一些指导意见,对于教师的专业发展来说是有很大帮助的。另一方面也为校长信息化教学领导力的实施提供了理论依据,有了更丰富的理论支撑,当然,对校长专业发展的不同阶段所具备的不同特征也有了一定的借鉴意义。

三、小学校长信息化领导力对学校信息化建设的重要作用

据文献记载,1993年9月,美国克林顿政府开始了一个计划,名称为"国家基础设施",简称为"NII"。这个计划的目的主要就是构建以互联网为核心的综合信息服务体系,促进信息技术在社会各领域的应用,尤其是特别强调了信息技术在教育领域方面的应用。

虽然,目前对教育信息化还没有一个明确的定义,但并不妨碍其重要性。随着教育领域的不断深入,教育信息化程度已经成为衡量教育现代化的一个重要标志。就发展历程来看,我国的教育信息化建设,大约经历了以下几个阶段:

20世纪八九十年代后期属于我国教育信息化发展的起始阶段,属于一个萌芽的阶段,从没有到有的一个过程,标志着教育信息化开始出现在了大众的视野之中。这个阶段的表现特点就是,计算机教育刚刚兴起,主流媒体是电脑。

2000~2009年,是一个从小到无的过程,进入了一个初期的阶段。这个阶段的表现特点就是,网络教育开始兴起,开始有了从事网络教育的工作者,其主流媒体是多媒体阶段和因特网。

第五章 从弱校精准帮扶探小学校长的信息化领导力

2010~2020年,是一个从小到大的阶段,开始有更多的人注重互联网技术在教育领域的应用,这个阶段的表现特点就是普适计算的兴起。普适计算是西方国家目前正在兴起的一种学习方式和学习环境,主要就是由无线网络、移动无线设备、社交性软件工具组成的。这个阶段的主流媒体主要是以移动无线为主。

就目前的发展趋势来看,我国的教育信息化发展速度还是十分可观的,已经逐渐进入了一个创新发展的阶段。当然,值得注意的一点就是,作为教育信息化的一部分,学校信息化建设也不能忽视,要加强其的建设效果。尤其是在信息化的环境之下,学校教育改革的走向成为了校长应该考虑的问题,当然,对其的能力也提出了更高的要求。然而,在实际的工作实践中发现,目前我国大部分的中小学的校长信息化领导力十分薄弱,正因为如此,学校的信息化建设面临着决策层和管理层的巨大障碍,严重影响了学校管理效率,教学不容乐观。再加上,目前针对提升校长信息化领导的培训机制还不够完善,存在一定的缺陷,严重制约了我国教育向信息化方向发展的脚步。

如前所述,校长的信息化领导是学校向信息化方向发展最大的一股力量,当然,也是校长专业发展的内在要求,是校长专业发展的必然趋势。在教育信息化的快速发展中,校长的信息化领导力已经直接影响到教育信息化的建设效果。详细来说,校长信息化水平的高低将在一定程度上决定学校信息化水平的高低,当然,校长对教育信息化的认知程度将直接影响后续工作的开展。也就是说,如果在实际的工作中,校长对教育信息化的认识还不够清楚,再加上校长的教育信息能力十分薄弱,将难以应对信息化对教学带来的挑战,更不可能在学校建立良好的发展和建设机制,更别提采用合适有效、科学合理的教学措施。基于此,校长应该认识到教育信息化既是时代发展的要求,也是教学发展的趋势,要肯定其的重要性,注重信息化领导力的实践,通过多项途径提升自身的信息化领导能力,以推动学校教育信息化的发展进程,为教学注入新鲜的血液,从而提高学校管理效率。

四、小学校长信息化领导力的结构模型

制作小学校长信息化领导力的结构模型,主要就是为了更好地认识校长信息化领导能力的内在组成和外在体现,图5-1为校长信息化领导力结构模型。校

长信息化领导的结构模型主要由两部分组成：第一，内容维度；第二，核心要素。前者是校长信息化领导力的外在体现，那么后者则是校长信息化领导的内在组成，只有将内在和外在有效地结合在一起，才有利于校长信息化领导力的提升。下面就这两个方面进行详细的阐述，便于更好地理解。

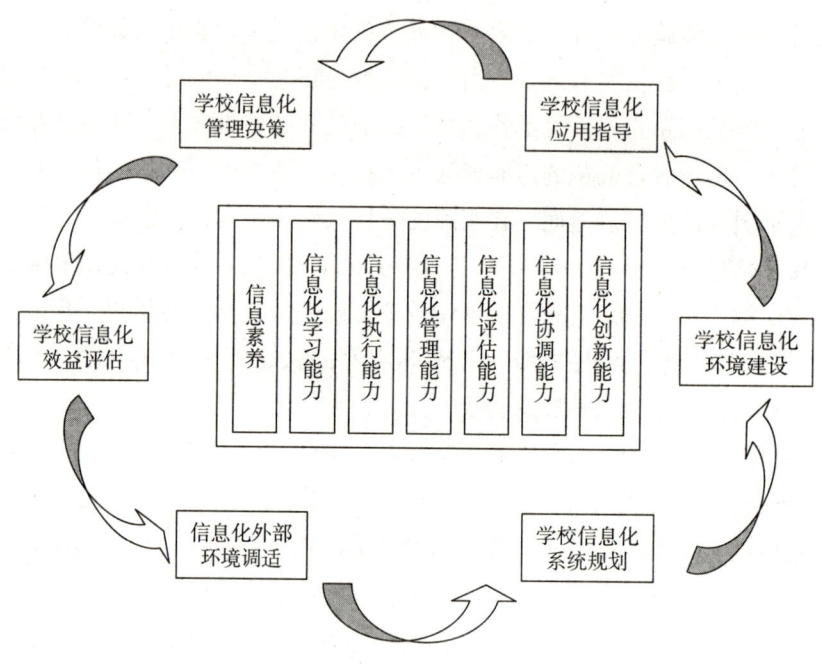

图 5-1　校长信息化领导力模型

（一）校长信息化领导力的内容维度

校长的信息化领导力结构模型主要分为内容维度和核心要素，而内容维度又可以分为以下几个方面：

1. 学校信息化系统规划

学校信息化系统规划是指校长在深刻分析学校的发展现状过程中，能够预测到教育新化的未来发展趋势，然后根据国家制定的方针政策、法律法规，融合校长个人的教育思想、理念和价值观，最后将全校师生都调动起来，都参与到教育信息化建设中，以更好地实现教育信息化目标，加快教育信息化建设。

第五章 从弱校精准帮扶探小学校长的信息化领导力

那么，如何制定学校信息化系统规划呢？这个就需要对学校信息化发展方向进行一个正确的定位和角色定位，要努力将本校的特色凸显出来，要将本校的形象展示出来，并通过评价反馈进行及时的调整与修正，从而带领全校师生一起向信息化的方向发展，努力将学校打造成一个充满信息化的地方。学校的信息化系统规划主要有：信息化建设资金筹集与分配、信息化基础设施建设维护与分配、信息化资源建设与分配、信息管理机制、团队建设以及信息化教学等。

学校信息化系统规划这个维度作为校长信息化领导力最重要的组成部分，主要就是要求教师必须具备规划学校信息化发展愿景的能力，坚持将教育信息化建设放在首位。要想更好地实现这一愿景，还需要校长做出多方面的努力，比如，应该及时地掌握新兴技术内容和手段，并且合理地将其应用于日常工作中，还应该努力扮演好自己在教育信息化建设中所扮演的角色和所起的作用，尤其是应该引导全校师生认识到教育信息化的重要性，共同努力、共同发展。

2. 学校信息化环境建设

学校的信息化环境主要可以分为两个方面来进行理解和分析，一是信息化物理环境；二是信息化文化环境建设。

（1）信息化物理环境建设。信息化物理环境建设作为学校信息建设最基础的部分主要包括：硬件设施、教学资源以及校园信息化平台等。建设一个良好的信息化物理环境建设，校长应该根据学校的实际情况和师生的需求，选择和购置一些有效的硬件设施，要根据教学的实际需要为师生搭建一个相应的校园信息化平台，全力构建出信息化的环境。除此之外，校长还应该根据教学需要，组织一批专门负责学校信息化建设的队伍，由专门人士负责，建设效果会更好。值得注意的一点是，在组织建立环境建设团队时，应该对建设进度、资金和人员进行有效的监管，以保证学校教育信息化建设工作的顺利进行。

（2）信息化文化环境建设。学校信息化建设的最终目标是形成独特的校本信息化文化，因此，校长应该具备信息化文化建设的能力，努力营造良好、和谐的信息化氛围，为推进学校教育信息化建设工作奠定坚实的基础。这就需要在建设信息化文化环境的过程中，校长应该不断地完善各项规章制度，引导全校师生的心态向信息化方向靠拢，帮助他们树立积极正确的心态，尤其是应该为师生创设有利于信息化应用和发展的条件。

学校信息化文化氛围是指能够促进信息技术在学校各领域广泛应用的氛围，

要求创建出良好的氛围。众所周知，一个优秀的人才并不单单是靠简单的理论知识就能培养出来的，是需要依靠环境和氛围熏陶出来的，良好的氛围对人才的发展具有非常重要的作用，其价值是非常巨大的。与此同时，学校信息文化氛围又是推进学校教育信息化进程最重要的一个因素，可以直接影响学校教育信息化的建设效果，就此，校长应该认识到文化氛围的重要性，要努力协调好学校各个方面的力量，处理好各方面的利益，以促使师生关系更加和谐。

3. 学校信息化应用指导

学校信息化应用指导主要是指校长有效指导学校信息化教学、教研等活动的开展，推动信息技术在学校教学、科研、管理等方面的应用，以促进教师的专业化和学生的全面发展。

为了让信息技术更好地应用于教学各大领域中，校长应该从以下几个方面入手：

（1）要有基本的信息素养、成熟的信息技术应用能力。这就需要在掌握本校信息化应用现状的基础之上，合理地部署学校信息化工作，让其更加符合发展情况。

（2）学校应该主动地了解教师的日常教学工作、学生的学习工作以及学校其他人的日常工作情况，根据情况，进行适当的信息指导培训工作，以增强他们对信息技术的认识与了解，方便信息技术更好地融合于以后的教学工作中。

（3）校长应加强师资队伍建设，注重教师教育技术能力的培训，一步一步地提升教师的信息技术能力，帮助他们找到更合适的教学模式，从而进一步提升教学质量。

（4）校长应该将学校之内和学校之外的队伍力量进行融合，比如：家庭、社区，以创建良好和谐的教学气氛。

4. 学校信息化管理决策

学校信息化管理决策主要是指在信息技术的环境之下，校长根据多年的教学经验和教学管理经验，并结合学校现有的状况去深度地分析当前学校在进行信息化建设的过程中所出现的问题，最后采取更加合适的管理决策，以保证教学信息化建设工作又好又快地进行下去。学校信息化管理决策主要包括学校中的人员、物资以及财务等方面的管理，将学校所有的事务都考虑进去，形成一个完整的体系。只有在了解学校真实情况的基础上，采用的管理决策才最准确、合理，也才能实现对学校事务的科学、高效的管理。

5. 学校信息化效益评估

学校信息化效益评估是校长信息化领导力最重要的一个组成部分，这对提升信息化领导力具有非常大的作用。一般来说，学校信息化效益评估主要有：信息化基础设施建设情况、教学资源开发与利用率、信息技术与课程教学的整合度、信息技术与教学教研、教学管理的整合度以及信息化建设经验投入情况等方面进行有效的评估。众所周知，评估主要是为了更好地了解情况，进而采用合适有效的教学措施。

除此之外，为了让每项评估结果都准确、合理，校长还应该不断地提升自身的信息化评估和监督能力，要学会综合各种情况，做出更加准确的评估，并在评估情况结束之后，发现不足之处，对症下药，适当地调整和改进。

6. 信息化外部环境调适

在与外部建立良好关系时，校长应该发挥出作用，要成为一个良好的协调者。具体做法，校长应放下管理者的地位，与教师平等交流，了解教师的真正需要，与此同时，鼓励教师观察学生的情况，进而反馈给自己，做到双向交流、双向沟通。另外，校长还应该与学校领导班子和外界打好关系，建立融洽的相处关系，比如：相关机构和人员，社区人员等，积极地参与一些社会活动，树立良好的形象，打造学校品牌，拉近社会机构与学校之间的距离，从而为教师和学生争取更多的外部资源，为加快学校信息化建设发展奠定良好的基础。

值得注意的一点就是，校长除了要鼓励全校师生积极地面对社会对学校的考验和提出的挑战，还应该积极地抓住由学校信息化带来的机遇，以加快学校信息化进程，实现信息化教育。与此同时，校长还应该根据学校的实际发展情况，多结合一些社会发展机遇，以做出符合社会专业发展的决策方案和方法。

综上所述，把握好校长信息化领导力的内容维度，对于提升校长信息领导力、完善学校结构、加快信息化建设具有非常重要的作用，是值得我们深究的。

（二）校长信息化领导力的核心要素

1. 信息素养

校长信息化领导力的核心要素最重要的当属信息素养，因为校长只能先有了较强的信息素养，才能有加强信息领导力的心。信息素养主要包含四个方面的内容：第一，信息意识；第二，信息知识；第三，信息能力；第四，信息伦理道德。而四点内容的核心主旨就是要求校长应该有丰富的计算机信息知识，有基础的计算机操作能力，当然，在使用信息技术的过程中，还应该懂得相应的政策法规，能够在合法的情境下将信息技术最大的作用发挥出来。

从相关的教育实践中，我们可以发现，校长的信息素养与学校教育教学改革发展有很大的关系，也就是说，信息素养较高的校长是可以跟上时代的潮流，能够把握时代机遇，尤其是能够在信息高速发展中，找到适合学校发展的教育思想和管理理念，也能够找到相应的管理手段和技术，可以将传统的学校管理打造成现代化、科技化的管理。所以，作为一名现代化的小学校长，一定要充分地认识到教育信息化的重要性，抓住机遇，积极地面对挑战，不断地增强信息素养，以艰苦奋斗、迎难而上的创造精神，推进学校的信息化建设，实现信息化教育。

2. 信息化学习能力

信息化学习能力主要是指在处于一个信息化环境当中，校长应该利用一切信息化设备和技术，并通过网络来获取更多的知识，将其内化，以提升自身的综合能力。总的来说，信息化学习能力是作为社会个体生存和发展一项不能缺少的能力，是满足社会需求、发展最重要的能力，是值得我们每个人学习并掌握的。

在现代社会，交互作用加强，流动加强了，整体的复杂性也会随之加强，处于这种形势下的我们只能不断地学习，方能得到更好的发展。而学校作为一个学习型组织，当然其中的员工也属于知识型员工，而校长对学校组织以及全校师生的领导就属于专业领导，当然，这种领导性并不单单是指身份上所赋予的权利，而是用自身的知识、经验、情绪去感染他人，让更多的人能够信服，愿意与其努力，而不是用一种强制性的约束和控制。所以，在实际的管理工作中，校长应该意识到单纯地使用权利来进行管理的工作，其效率一定不尽如人意，而是应该始终保持一颗学习的心,不断地学习、丰富自己,要形成良好的学习习惯,用自己渊博的知识和丰富的经验进行管理,将会得到不一样的工作效率。另外,校长还应该改革与创新自己的知识结构和思维模式,不能故步自封,要有一颗敢于改革与创新的心,始终保持在工作和生活中的先进性,方能更快地推进学校信息化进程。

3. 信息化执行能力

信息化执行能力顾名思义就是一种行动能力,是校长根据学校发展的目标,结合社会发展趋势,积极地落实一种具体的实施方案。

要想加快学校信息化建设,不能只靠理论知识的弘扬,还应该有将理论知识转化为实践的能力。因为,单纯的理论知识是无法支撑学校信息化建设的,还会出现一种"悬空"现象,即学校的信息化发展规划的价值理想与实行运行的学校工作之间还在一定的偏差,只有较强的能力,才能改变这一现状,保证学校信息化建设工作质量。

所以,要求校长应该具备成熟的信息化执行能力,尤其是应该在进行学校信息化建设的过程中,定时地观察既定的内容是否按时完成了,完成度如何,采取的行动是否与规定的行动一样等问题,以促使信息规划的有效实施。

4. 信息化管理能力

信息化管理能力主要是指校长将先进的信息技术与先进的管理理念有效地融合在一起,大力整改学校内部设施,大力采用信息化手段去改变组织方式、工作流程、整合学校内外部资源,更好地了解学校内部情况,从而及时地采取措施,实现管理目标、教学目标,进而更好地保证学校效益。

5. 信息化评估能力

信息化评估能力是指校长在进行相应的管理工作过程中,需要对学校的信息化环境建设、资源建设、信息化教学、信息化管理等多方面进行客观的评价,从而做出更加准确的分析与诊断,得出一个真实的结果。

6. 信息化协调能力

信息化协调能力是指校长在进行管理的过程中,根据学校的实际发展情况采用一些科学合理的原则，并在此基础上采用一些合适有效的方案，从而获得最佳信息化建设效益的能力。信息化协调能力有利于调动起全校师生的积极性，可以提升学校的凝聚力，尤其是对于实现学校发展目标具有非常重要的作用。

在进行学校管理的过程中，应该注意以下几个方面：第一，要协调好信息技术与教育教学、管理等方面的关系，要让信息技术进入到学校中，从而更好地提升教育质量。第二，要处理好信息化建设的经费投入与信息化建设收益之间的关系，要让有限的资金发挥出最大的作用。第三，要处理好信息技术与学校学生、教师之间的关系，要让他们意识到信息技术对教育教学、教学管理的重要性与意义，当然也要让他们认识到并不是所有教学工作和管理工作都适合信息技术，只有应用合适，方能让信息技术发挥出作用。第四，校长还应该协调好学校与社区之间的关系，学校与行政部门之间的关系，尽全力让学校在不受任何阻碍的环境下得到更好的发展，当然，也便于学校的信息化建设工作更好地开展下去。

7. 信息化创新能力

信息化创新能力是指学校利用自身的知识与智慧，在学校现状的基础上，发展出一个新的途径——学校信息化发展道路，从而大大地促进学校信息化创新能力。提升自主创新能力，建设创新型国家，是国家发展战略的核心，也是提高综合国力的关键。学校教育要着力于培养学生的创新能力、创新意识以及创新所具备的各种素质。所以，校长应该具备较强的信息化创新能力，校长作为学校的"领头人"，是学校发展的核心力量，对于促进学校发展校长应该担任好此责任，做好榜样。在进行学校管理的过程中，校长具有较成熟的信息化创新能力可以加快学校的改革进度，还可以为学校培养出更多的创新型人才，为开展教学工作奠定坚实的基础。

值得强调的一点就是，在推进学校信息化的过程中，校长应该根据学校发展的实际情况，制定出合适有效、科学合理的信息化发展目标，准确定位，打造具有特色的学校，营造一种全新的学校氛围。

第二节 小学校长信息化领导力存在的问题及原因

一、小学校长信息化领导力存在的问题

（一）校长自身定位不清晰、自我发展意识薄弱

就目前的发展趋势来看，绝大多数的小学校长始终都扮演着一个"最高执行者""最高管理者"的角色，只是为了单纯地完成上级分配下来的任务，并没有进行独立的思考与创新，更有甚者存在一个错误的思想就是，认为只要我按时完成上级分配下来的任务就算是一名称职的领导者。虽然，在现行的教育体制之下，校长可以行使或者说可以支配的权利范围并不大，但是作为学校的领导者，还是可以充分行使自己校长的权利，是可以完成学校信息化工作的，是可以通过提升自身素质，调动全校师生行动的积极性，有利于推进学校信息化工作的完成。近几年，随着教育改革的不断深入，校长开始意识到了自己的不足，也开始慢慢发现自己的思维模式、管理方法、模式过于陈旧，但所做的努力并不多，致使学校信息化工作无法有序地进行下去。而导致这些问题出现的最大一个原因就是，校长对自身的定位还不够准确，并没有发挥出自身作用，制约了学校信息化工作的进程。这个时候，就需要校长及时地转变思维观念，要进行重新的自我定位，要认识到自己不仅仅是一位上级政策和行政命令的被动管理者，而是一位引领着学校、经营学校重任的领导者，要付出努力，要充分发挥出自己的职权，要学会沟通与交流，既要调动起全校师生的积极性，还应该联合学校外部的力量，共同推进学校信息化建设。

（二）校长信息化规划、部署能力不强

现阶段，从实际的工作实践、工作内容中，我们可以发现，在当前的小学校中，十分缺乏专业的信息技术负责人，再加上部分教师的信息化素养不高，尤其

是教师在学校信息化推进工作中，积极性不强，配合度也不高。虽然，大部分的学校内都已经建立了一些信息化工作的制度和计划，但是大部分的人都是执行上级发布的命令，只是完成了部分工作，这种现象对学校信息化发展十分不利。这个时候，校长就应该发挥作用，首先应符合区域的发展愿景和发展目标，然后根据既定的发展愿景和发展目标制定出符合学校特色、切实可行的具体计划和方案，最后，在实行具体方案和计划的过程中，应该适当地改变计划和方案。值得强调的一点就是，在执行方法时，还应该开展计划评估工作，以便于确定方案的合理性和科学性。

在教育体制下，绝大多数的学校都已经认识到了信息化建设的重要性及其在学校管理中所占的位置，其作用不言而喻，也已经投入了相应的人力、物力和财力，做出了一些适当的改变，但是所收获到的效果并不理想，质量并不高，比如新引进的电子双板也只是偶尔做做样子，并没有真正投入到教学和管理中去。当然，出现这种情况最大的原因还在于专门信息技术人员较少，并没有达到开展教学的要求，无法开展信息化工作，只能让稍微懂点计算机的教师来开展全校的教育信息化推进工作。

除此之外，还有部分学校光是依靠上级拨款来推进信息化建设工作，但是却把经费用在另外的工作上，并没有把经费用到实处，致使学校信息化推进工作缓慢，可以说，工作效率低下。

综上所述，以上的问题都是因为学校校长不能合理地分配和部署人力、物力、财力所导致的，需要学校校长加强自身的规划和部署能力，把人力安排在合适的位置上，财力用在"刀刃上"，物力分配均匀，才有利于学校信息化工作的开展。

（三）校长领导建设校本资源不足，资源利用率低下

学校在充分使用这些信息化硬件设施的基础上，对于信息化教育资源建设的力度远远不够，当然所产生的工作效果也不太理想。尽管部分教师十分享受由信息化所带来的便利，但是却没有找到为其服务的有效配套资源。就现行的开展教育情况来看，由于在教学中没有找到合适的教学资源，所以还是采用一些传统的教学方法和管理方式，现代化信息教学设备利用率并不高，这样的话，教育信息化的发展进程就变得十分缓慢，可以说，没有进步。

在教育体制之下，政府也十分注重教育信息化的建设，开始鼓励和帮助学校

建立相应的学校网络平台,当然也在平台上为教师创造了优质的教学资源,比如,优秀的课件、习题、教案、优秀老师上课视频等,以便于教师更好地开展教学,但是教师们的利用率并不高,他们还是喜欢用一些传统方式来进行备案、教学,致使大量优秀的教学资源被闲置,没有充分发挥出作用。

(四) 校长未能深入构建学校信息化文化氛围

随着信息技术的不断发展,各项社交、学习 APP 层出不穷,尤其是现在的学生生活环境日益变好,学生在使用信息技术方面的水平都远远超过教师,更有部分教师在遇到相关的计算机问题时,还会问学生,这是因为,目前的学生接触计算机方面的设备时间较早,再加上接受新鲜事物能力远比部分教师要强,因此,作为学校的校长应该发挥出作用,要努力当好信息技术与教育融合道路上的指明灯,既要将信息技术有效地引进学校中,还应该引导和帮助教师认识到信息技术在教学中的作用,提高他们信息技术的应用能力,努力促使传统课堂变成现代化课堂,以激发学生的学习兴趣,提高课堂教学效率。

但由于目前还没有一个完善的教师信息化能力评论体系,所以不知道现有教师的能力如何。因此,校长应要有营造学校信息化文化氛围的意识,并通过开展学校评比活动、自身的行为标杆,积极地与教师沟通和探讨一些有关信息技术与教学融合的问题,帮助和引导他们善于用信息技术来解决问题。

另外,校长还应该重视校园环境建设,注重环境育人,在校园内各个角落都设计一些宣传语或者标语之类的,以塑造良好的信息文化氛围。我们应该认识到校园文化代表的是一个学校的精神。

(五) 校长与家长沟通不畅,家校工作开展缓慢

家庭作为校长和家长了解学生发展情况的一个桥梁,有些教学工作是需要家长的共同配合,才能更好地开展教学工作。但是,目前很多的学校都没有与家长建立一个良好的沟通桥梁,在沟通方面还存在很多的不足之处。比如,部分家长不能理解学校为什么要大力引进信息化建设?为什么要强调信息化建设?他们更多的是关注学生的成绩,是否会考入一个好的中学,升入一个好的大学等,这些才是大部分家长所考虑的问题。比如:有些学校安装了很多的信息化设备,需要家长的经济支持、精神支持,但是大部分的家长看来觉得没有必要花这一笔无用的钱,因此大部分的家长都是不太支持的。而出现这种情况最大的一个原因就

是，学校没有与家长沟通不到位，没有与家长说明其中的利害关系，这个时候，教师就应该积极地宣传关于教育信息化知识，教育信息化的重要性，让家长慢慢认识到学校引进教育信息化建设设施、经验，也是为了更好地开展教学，促进学生的学习。值得强调的一点是，在与家长沟通的过程中，校长应根据学生家庭的真实情况选择一个合适有效的沟通模式，比如留守儿童，这个时候，校长就应该与该学生的班主任进行沟通，让其选择与学生父母沟通，以确保谈话内容的合理性，必要时可以利用现如今的通信技术手段，以达到沟通的目的，只有与学生家长建立一个良好的沟通桥梁，才能更好地实施信息化教学，也才能为学生创造一个更好的学习环境。

二、小学校长信息化领导力发展的原因分析

随着教育信息化发展的迅速加快，社会对教育质量的要求越来越高，学校如何在这个信息化的大环境之中站稳脚跟，就需要校长做出努力，要清晰地认识到信息教学不管是对于学生个体来说，还是对于学校整体来说，都是十分有用的。但由于在应用、建设信息化教学的过程中，校长的信息化领导力还有待提高，致使部分工作无法展开。基于此，作为学校的校长应该认识到自身的不足之处，找到导致这些问题的原因和根源，不断地提高自身的信息化领导力，以更好地推进教育信息化建设工作。校长作为学校信息化工作最高的领导者，需要支持分布式领导力和团队领导的形成，与各部门通力合作，并制定有序的管理步骤以及清晰的管理分工，以保证学校信息化管理工作有序地开展下去。但影响校长信息化领导力的因素，不单单是指校长个人因素，还主要表现在以下几个方面：

（一）校长的能力和视野

教育信息化是一项非常复杂的系统工程，不仅投资量大，而且周期性较长，尤其是所涉及的范围较广，因而难度系数较高。所以，在面对这一难度的系统工程时，作为学校的校长应该时刻保持一个清醒的头脑，学会分析周边形势；带动全校信息化发展的前提是带头学习、坚持学习，只有学习成为常态，工作才能进入状态；面对瞬息万变的信息化时代，校长还需要与时俱进，思想理念要快速更

新。① 但在实际管理工作中，校长缺乏这种能力，缺乏对信息化发展愿景的信心，尤其是对教育信息化发展的内容和知识认识还不够清晰，从而制约了教育信息化工作发展缓慢。校长在信息化知识更新和信息化设备引进的时候都显得无所适从，显得有心无力，再加上校长的工作内容复杂，大部分的精力都用于管理学校的各项事务以及开展各种会议等，并没有太多的精力和时间用在信息化建设中，这种情况，就容易造成一种现象，纵使校长有这个心去进行教育信息化工作更新，有较强的信息化意识，也因为与自身的信息化能力、领导行为以及没有精力去工作而导致教育信息化建设工作流于形式。

管理学家科特指出："领导的一个非常重要的方面就是确定经营方向。若将学校比作一条船，校长便是这条船的船长，决定着这所学校的发展方向。"② 所以，校长应该先根据学校发展的实际发展情况，建立学校的愿景，并与全校师生共同商量，制定一个学校的发展规划，定一个短、中、长期的发展目标。现阶段，小学校长的信息化规划能力还是不够强，因而当前学校的校园信息化愿景和规划还只是停留在一个初级阶段，缺乏一个科学合理、合适有效的发展方案。也就是说，目前小学校长的信息化领导力还是无法满足当前学校信息化的发展需要，比如：信息素养不高、信息技术掌握能力不强等，所以，大部分的校长还是喜欢采用传统的管理模式，并没有将信息技术完美地引进教学管理中。经验表明，当大规模启动学校信息基础设施建设时，制约信息化推进的瓶颈往往来自校长信息化专业准备不足，对信息技术条件下教育教学的预见不充分。③

因此，作为学校的校长应该不断地学习、思考、锻炼完善自己的办学思想，要强化自己的知识结构，深刻认识到自身的不足之处，并加以完善，与此同时还应该调动起全校师生的积极性，让全校师生都参与到教育信息化工作中，以便为学生创设一个更良好的学习环境。

（二）信息化设施和资源的建设

如前所述，信息化是一项非常复杂、内容广的系统过程，因而对资源建设

---

① 王铁军．现代校长培训——理念操作经验 [M]．南京：南京师范大学出版社，2003．
② 王青逯．教育信息化理论研究与实践探索 [M]．长春：吉林人民出版社，2007．
③ [美] 赛尔伯特·L．德雷克，威廉·H．罗．教育 [N]．刘润刚等译．南京：江苏教育出版社，2008．

的需求非常大,既有一些硬件等基础设施建设,也有一些信息资源等软件建设,这也能说明,学校在进行信息化初期建设时,需要一大批的经费作为支撑。虽然,与以往相比,我国绝大多数学校的信息化经费情况已经慢慢得到了改善,不管是在设施建设方面,还是在人才建构上均有明显的升高,但是从大体发展情况来看,信息化经费短缺的现象仍然存在,还是比较明显的,严重制约了信息化建设工作的开展速度。尤其是由于信息化设施和资源的建设投入欠缺也在一定程度上影响着我国小学校长信息领导力提升,致使校长不能大展拳脚。

目前来说,学校的信息化经费短缺主要体现在以下两个方面:

第一,由于缺乏经费的支持而无力实施校园信息化建设,比如:没有能力去购买足够的计算机设备以及各种教学设备。

第二,校园信息化建设已经实施了一段时间,各种硬件基础设施也因此有了一定的发展基础,比如:建立了多媒体、计算机教室等。

由于信息化建设的"滚雪球"式的特点,就是一旦开始进行了信息化建设工作,其硬件设备购置,软件花费,系统运行的常规性与技术维护,人员培训等费用则不断产生,再加上计算机技术、各项硬件设施更新非常快,所以导致产生的费用一次比一次高,成本费用逐渐升高。基于这种情况下的学校信息化投入显然需要有一个长期和稳定的经费来源和渠道。校长信息化领导力的高效发挥,依靠的基础条件是信息化校园的建设,但当一所学校缺少了长期稳定的资金来源和渠道,那么信息化建设就不能继续下去。校长信息化领导力的高效发挥,依靠的基础条件是信息化校园的建设,但当一所学校缺少了信息化建设的经费来源时,校长的信息化领导力应该如何施展呢?应该如何管理学校呢?这值得校长深思。就目前的发展情况,大部分学校的经费都是依靠"学校自筹"和"主管部门划拨"等方式来获得信息化经费,虽然,这些经费来源渠道可以在一定程度上获得资金,但由于不够稳定,导致学校只能获得初期的费用,但发展到后面因资金空缺、紧张等原因无法支付后续的费用,比如,技术更新、人员技术培训、设备购置等,使得教育信息化工作处于一个两难的境地。

第三节 提升小学校长信息领导力的有效思路

一、设计校长学习共同体

(一) 学习共同体的定义

学习共同体的理论是从社会建构主义理论基础上发展起来的,而这套理论起源于心理学家皮亚杰。刚开始,各大学者都集中研究社会建构主义理论,不断地改革与完善,直到最后形成了一套新的理论——学习共同体理论。近几年,我国在研究学习共同体方面也有了很大的进步,取得不错的成效。

目前,就相关文献来看,学习共同体的定义有很多,其中有一种定义得到了认可,学习共同体其实就是以学习为目标,学习者基于一定的学习任务,在学习过程中相互沟通和交流,达到资源共享,相互帮助,共同发展。薛焕玉对学习共同体的基本属性进行了分析,① 如表5-1所示。

表5-1 学习共同体基本属性

属性	主体	主体	条件	活动	表现形式	作用
内容	学习者与助学者	具有共同目标	对话沟通交流	人际关系	人际关系	交流群体

从表5-1中可以看出学习共同体所包含的基本属性,也就是说,如果我们能够把这些属性有效地综合在一起,那么就会形成一个全新的学习共同体定义。

---

① 薛焕玉. 对学习共同体理论与实践的初探 [J]. 中国地质大学学报, 2007, 7 (1).

(二) 学习共同体的两种类型

学习共同体与校长之间存在一种什么关系呢？其实就是在一个大的学习环境之中，除了学生、教师，校长也可以更好地参与进去，进行学习与研究。简单来说，学习共同体的作用就是可以有效地提高校长学习能力、管理能力等。

从大环境的角度来看，校长所在的现实生活，其所面对的人与事物都可以形成一个新的学习共同体，这种就叫作实体学习共同体。相反地，如果校长能够在网络的环境下形成的学习共同体，这种就叫作虚拟学习共同体。如果能够将这两种资源合理地学习与利用，将会有非常大的进步，因为这两种学习共同体是把校长所处环境之中的所有资源都包含了进去，对于校长的发展来说是非常有利的。

实体学习共同体是校长在现实社会中的重要学习形式，是校长掌握各项技能最重要的途径，所以应该有固定的学习时间和地点，当然也应该有上级领导的支持与帮助，不仅要大大地鼓励校长积极地采用实体学习共同体这种学习形式，也应该根据实际的发展情况投入相应的资金，以提高校长的各项能力。当然，随着科学技术的不断发展，各项技术也已经进入了人们的日常生活及学习中，而虚拟学习共同体也就是在这样的大环境之中形成的，这样可以让校长除了能够在现实生活中学习到知识，也可以在虚拟环境之中学习到更多的知识，可以不受时间、地点的限制随时随地地学习，大大地弥补了实体学习共同体的不足之处，让校长学习变得更加丰富、有趣。

实体学习共同体和虚拟学习共同体两个不同的学习方式，是可以相互弥补、相互促进，可以让校长在两种环境之中均得到知识。校长通过采用这两种学习方式，不仅可以大大提高自己的学习能力，而且还可以丰富自己的知识结构。那么这两种学习方式的关系如何呢？如图5-2所示。

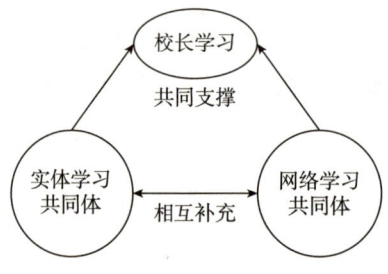

图5-2 两种学习共同体关系图

二、实体学习共同体

实体学习共同体其实就是校长在现实生活中所组成的一种学习方式,存在于现实生活中,是通过面对面的交流与互动。

(一) 实体学习共同体人员构成

一般来说,根据目前的发展情况来看,实体学习共同体的人员构成应该有:校长、经验丰富的教育专家、教育部门的领导等。而校长作为实体学习共同体中不可缺少的一部分,这是因为实体学习共同体就是帮助校长进行有效的学习与探索,能在各项部门人才、领导的帮助之下不断提升自己的能力。所以,在这其中,除了校长,他们都扮演着辅佐的作用,主要是对校长的综合能力进行评价,对校长提出的问题进行答疑解惑,给校长提出一些建设性的意见和帮助,当然,也应该积极地开展一系列的培训活动,以便于提升校长的综合能力。

一个学习共同体,又可以分为很多个学习单元,学习单元可以理解为学习小组,根据有关研究,① 每个学习单元的人数是 6~15 个,但从实际的情况来看,应该将人数控制在 10 人,但值得强调的一点就是,每个学习小组应该都安排一位经验丰富的专家和领导,以保证学习小组结构的合理性。

但在实际的教育实践中,我们发现,由一个学校的校长组成的一个学习单位,效果并不理想。所以,这个时候就需要教育部门将同一地区的不同学校的校长,再配以一些专业的人才和领导,组成一个全新的学习小组,从而实现面对面地交流与互动,还能实现资源共享,让不同学校的校长一起学习,可以相互交流管理经验,相互帮助,相互促进,实现小组学习效率的提升。

(二) 实体学习共同体分组方式

学习共同体就是由很多个学习单元组成的,而学习单元又是由一定数量的校长组成的,当然,在划分小组时,并不是随意分配、随意搭配,是根据实际的内容来确定的。合理的分组有利于校长之间更好地交流与互动,更好地学习知识,

---

① 詹泽慧,李晓华. 美国高校教师学习共同体的构建——对话美国迈阿密大学教学促进中心主任米尔顿·克斯教授 [J]. 中国电化教育,2009 (273).

掌握更多的技能。值得注意的一点就是，一个校长并不是只能选择一个学习单元，是可以根据自身的发展需要选择合适的学习单元，以学习不同的内容。

(三) 校长学习形式

实体学习共同体的组成人员在现实中的学习形式是丰富多样的，其主要以会议和报告为主。选择一个固定的学习场所，并由相关的教育部门的领导来进行组织和开展，并且选择一个合适的时间段，然后由组员在学习结尾的时候做一个详细的学习报告，并由经验丰富的专家进行评价。最后，根据评价结果让校长找到自己的不足之处，从而尽可能地完善。

当然，除了会议和报告之外，还应该选择其他的学习形式，以激发校长的学习兴趣和积极性，从而保证整个学校小组的学习效率。比如：案例学习方法，选择一个经典的教学、管理案例，然后由校长进行研究与讨论，分析案例的优缺点，并谈谈对案例的感受。

总而言之，在校长的实际发展需要的基础上确定一个合适有效的发展目标——提升校长的信息化领导力，而在方法选择上可以是多变的，只要符合校长发展的方法均是有用的方法。

(四) 实体学习共同体与校长培训相结合

在以往的校长培训过程中，主要是以传统的讲授法为主，由于传统的讲授法缺乏一定的灵活性和延伸性，在激发校长学习兴趣上稍显不足，这也是导致校长信息化领导力迟迟没有得到提升的最大一个原因。如果在实际的教学中，将实体学习共同体与校长培训有效地结合在一起，将会收获非常不错的效果，这是因为将两个结合在一起，既可以保证培训知识的系统性，还可以提升灵活性，激发校长学习的积极性，有利于校长能力的提升。

三、网络学习共同体

就相关资料显示，虚拟学习共同体的概念与内涵是在 1993 年出现的，是由瑞尼古德提出来的。起初，虚拟学习共同体的定义是，一定数量的人在一定的时间段内，通过虚拟的电子网络上，对某一个问题进行探讨与解决。在这个虚拟的世界中可以实现资源共享，交流与互动，经验探讨。当然，这种学习共同体可以应用于日常的学习中,可以收获更多的学习知识。

网络学习共同体也可以被称为虚拟学习共同体以及在线学习共同体等。随着学习共同体这种方式越来越成熟,应用范围越来越广,它的定义也在逐渐完善,目前对其的定义就是在基于网络的背景之下,由学习者以及在线教师、专家或者领导组成的,就某一个问题或者某一个内容进行相应的沟通与交流,主要就是进行资源共享,共同学习,共同为完成一个任务而建立的突破时空限制的学习共同体。

网络学习共同体主要有两个特点:其一,信息交流。与一般的学习方式一样,网络学习共同体具有信息交流的特点,只不过与一般学习方式不一样,其是通过网络来实现,在这里,学习者可以不受时间与空间的限制,随时随地与人交流。其二,社会强化。社会强化主要是指在共同的学习中,人们可以感受到对彼此的尊重,可以在这里尽情地发挥,展现自己的优点,在这里每个人都是一个学习者,都能找到符合自己自身发展需要的知识。

(一)网络学习共同体人员构成

学习者是任何一个学习团体都不可缺少的一种要素,其实从实质来说,如果网络学习共同体没有学习者,将会失去其意义。学习者的目标就是希望通过不断的学习与研究,以获得更多的知识,完善自我,丰富自己的知识结构。当然,由于在其中的学习者与其他学习者不一样,因为这个学习者就是校长。

众所周知,小学校长由于管理工作内容非常复杂,工作任务非常烦琐,所以,各大学校的校长彼此之间的知识交流并不频繁,知识交流程度非常小,而网络学习共同体刚好可以改善这一现状,有利于拉近校长之间的距离,更有利于更好地交流与互动,有利于校长管理能力的提升。

在网络学习共同体中,除了有学习者之外,最重要的就是助学者,只有两个因素组合在一起,才能形成一个完整的网络学习共同体系。助学者主要有教师、专家、辅导员以及管理者。这里的教师并不是普通的中小学教师,而是可以给校长上课的专家,是在信息技术和教育信息化方面有研究的人员,当然,这可以是教授,也可以不是教授,只要能帮助校长获得知识、提升信息领导力即可。在此期间,专家与教师的作用是不一样的,有很大的差异性,教师主要就是给校长上课,属于一个全程性的帮助者,是校长提升能力的帮助者,而专家主要就是负责某一阶段的帮助者,并不是全程性的帮助者。而其中管理者的主要任务就是发布管理校长的用户信息,以维护网络学习平台,提高更新型技术的支持。

学习资源作为网络学习共同体中最不能缺少的一个因素,是校长学习得以顺利进行的保证,是提升校长信息化领导力最重要的有效途径。

网络学习平台就如一个电脑的主板一样,主要就是把各种要素结合在一起的关键因素,其就是各种学习顺利开展的场地,当然也是校长学习知识、掌握能力的一个重要场所。就目前的实际情况来看,最常用的学习平台主要有:聊天室、BBS、社区以及博客等。这些平台与传统的教育形式相比,其优点更胜一筹,是值得我们推广与应用的。

综上所述,网络学习共同体过程中学习者、助学者以及教育资源存在的关系如图 5-3 所示。

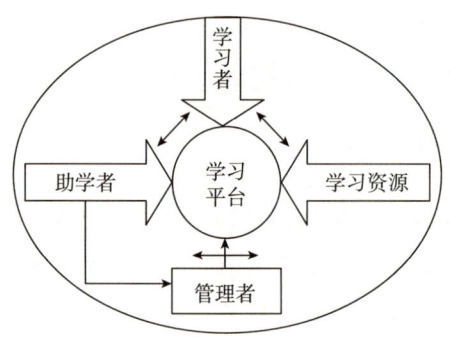

图 5-3 网络学习共同体人员关系

(二) 网络学习共同体的设计原则

1. 体现信息化特点

在进行校长培训的过程中,之所以要构建网络学习共同体的目的就是为了更好地提升校长的信息化领导力,当然,单单是学习共同体来提升校长信息化领导力是不够的,是需要我们在学习资源、学习模式、学习环境、学习方法和学习目标等方面,都体现出信息化这一特色,要尽可能地让校长感受到信息技术的魅力,要让校长知道信息技术对于管理工作的重要性,最大地激发校长的学习兴趣,从而让校长更好地分别出信息化领导力的学习共同体与其他领导力的学习共同体不一样,以便于更好地提升校长的信息化领导力。

2. 理论与实践相结合

环境对于学习来说是十分重要的,如果身处的环境没有改变,那么所获得效果也不会理想,所以,在培训校长信息化领导力的过程中,我们应该改造目前的教育环境,建设一种更加符合当前社会发展的环境,一种现代化、信息化的教育环境。与此同时,要求校长除了学习一定的信息化领导力理论,还应该研究实践中所产生的这个问题,应该把学到的知识技能应用到解决教信息化建设中的实际问题上,所以,在进行校长培训的过程中,只有把理论知识与实践有效地结合在一起,才有利于激发校长的学习兴趣,以收获更多的学习效果。

3. 关注校长个人思考

在以往的网络学习共同体中,助学者注重的是交流与探讨,而经常忽视了对校长自己的个体思考与关注,忽略了校长的个体发展。协作与交流是建立在个体思考空间的基础上,校长没有单独的思考空间,交流学习只是一个空谈,流于形式,不利于校长信息化领导力的提升,也容易导致校长失去自主思考能力,没有了主见。所以,在网络学习共同体中,我们应该多给校长一些可以思考的空间,鼓励校长进行积极的思考,只有让校长学会独立思考,才有利于校长信息化能力的提升。

4. 开放性

网络学习共同体与实体学习共同体不一样,其可以不受空间、时间的限制,是一个非常开放的平台。因此,对于校长来说,网络学习共同体是可以让校长吸收到更多的知识,从不同地区、不同学校、不同时间找到更多的管理经验,还能为校长提供更多的丰富资源。

(三) 网络学习共同体模块

1. 管理系统

管理系统主要是对学习共同体平台的管理,提供技术的支持,进行平台的维护,以及校长用户信息及资源的管理工作等,这些都需要管理人员精心地维护。

2. 学习资源

学习资源是网络学习共同体中最重要的一个因素，因其是提升校长信息化领导力的重要条件，所以，在进行资源选择的过程中，应该参考校长的信息化领导力的内涵及标准，然后再由专业人士根据校长的实际发展需要来确定校长需要学习的内容，以确定最终的学习材料。

3. 评价反馈

校长在学习的过程中到底效果如何？表现如何？通过学习共同体的学习，校长的信息化领导力是否已经提高了，是否达到了促进校长能力的目的等，这些都需要对校长评价进行实现。在对校长进行评价的过程中，就需要有一个非常明确的评价标准和有效的评价模式。评价标准对于提升校长信息化领导力是十分有用的，所以，在制定校长评价标准的过程中，应该根据校长的实际发展需要进行制定，不需要多全面，只需针对校长已学过的知识进行判断即可，当然，这个评价标准既可以由专家来决定，也可以由学习共同体的小组成员进行制定，只要保证评价标准科学合理即可。

另外，网络学习共同体的评价模式的选择，应找到一个既可以检验校长理论知识掌握程度，还应该能检验出校长实践能力的模式，只有这样才能将校长的真实情况更好地反映出来。

当然，评价除了有他评，也有自评。他评就是别人对自己的评价，可以让校长知道自己在别人眼中的能力如何，从而更好地找准自己，这对于校长的未来发展是十分有利的。自我评价就是自己对自己的评价，在学习的过程中，不断地进行学习与研究。只有把自我评价与他人评价有效地结合在一起，才能得出更加准确、合理的评价效果。

第四节　提升小学校长信息化教学领导力的策略

一、小学校长信息化教学领导力自我提升策略

（一）以专业发展为主的职业规划

校长职业生涯规划是指根据校长个人情况及其本人所处的学校教育环境，结合自身发展需求与学校发展需求的双重因素，综合时代特点及自身职业倾向，进而确定事业的发展目标，并设计为达到该目标的行动计划的活动过程。①

校长的职位与学校其他的管理职位有很大的不同，一般是由上级教育行政部门直接任命的，其工作内容主要就是，处理学校的一些日常行政管理工作以及提升学校教育水平等。众所周知，学校是以提高自身的教育水平为办学宗旨，而作为个体的学校领导者，应该考虑到学校发展与自身发展的需求，因此，如何实现两者的统一，实现校长与学校的双重发展，科学合理的职业生涯规划成为了目前校长应该考虑的问题。实现校长科学正确的职业生涯规划，是要求校长结合学校发展的实际发展情况并结合自身，确定合理的学校发展目标和个人职业追求，要慢慢地让学校的粗放式发展向科学化的方向发展，要由被动的管理向主动的管理改进，从只注重学校发展向学校、校长共同发展，全面实现校长与学校发展。

（二）以自主学习为主的知识积累

作为校长，除了应该具备成熟的管理能力和行政能力，还应该具有丰富的知识结构。随着教育改革的不断深入，对校长的要求越来越高，不再只是要求校长具有成熟的领导力，还应该具有较强的耐心。

---

① 赵新亮. 校长专业发展新思路：职业生涯规划 [J]. 当代教育科学，2009，16：47-48.

就目前的管理工作来看，导致校长信息化领导力较弱最大的原因就是缺乏丰富的教学理论和有一个落后的教学观念，从而导致对学校发展认识的误判，当然，在实际的管理工作中，所采用的决策方案也是不够正确的，会严重影响到管理工作效率。这个时候就需要校长不断地更新信息化教学理论，以为顺利开展管理实践工作奠定坚实的基础。

建构主义认为，知识单单只是通过他人传授来获得是远远不够的，而是学习者在一定的情景中利用相关的学习资料，并在同事、伙伴的帮助之下，获得更多的知识。因此，必备的教学理论还应该依靠校长来借助一定的外部支持，通过自身的主动学习、长期积累而获得。

在这个大环境之下，由于校长的年龄大小、受教育程度、学习能力的不同，因而对教学理论的理解和学习的时间长短都是不一样的。为实现校长自主学习的可行性，应该注意以下几个方面。

1. 保证校长学习动机的持久性

学习动机与一个人的学习具有非常大的关系，一方面，一个良好的学习动机对于推动有效学习有很大的作用，另一方面，一旦一个人产生了强烈的学习动机，就会开始对学习产生兴趣，从而影响整个学习效率。学习动机理论对学习动机进行了一系列的分析，根据分类方式的不同，主要可以分为：内部动机与外部动机。

2. 学习材料的易读性、趣味性

根据学习动机理论的分析，学习者的焦虑程度会影响学习动机的产生，也就是说，焦虑程度的高低将直接影响学习效率。所以，在选择教育理论的学习材料时，一定要注意材料的趣味性和易读性。易读性主要是指应选择一些教学实际，贴近生活的材料，避免过于学术性太强的材料，以便让校长更好地了解和掌握这些材料。而趣味性的材料则是可以有效地激发学习者的学习兴趣，这样既能让学习者掌握知识，还能使其保持一个愉快的心情，这对于校长自身发展来说是十分有利的。

3. 理论学习的情境性、实践性

大部分的校长对理论的理解往往都是非常空泛的，并没有真正理解理论的定义，更有甚者觉得理论对学校的教育及管理工作没有任何意义。因此，在进行培训的过程中，应该帮助校长纠正这一观念，要让他们真切认识到理论的重要性，了解理论的真正含义，然后引导校长将理论变成实践，只有理论与实践相结合，才能促进教学效率的提升。

4. 学习支持服务的可获得性

建构主义学习理论强调学习伙伴以及教师的帮助对学习具有非常大的促进作用。就实际的工作实践来看，绝大多数的校长在学习的过程中，总是喜欢"单打独斗"，喜欢一个人研究与探讨，尤其是当遇到问题的时候也不会寻求他人的帮助，所以一旦遇到问题就会马上知难而退，不会再继续研究与探讨。另一方面，众所周知，学习是一个非常漫长又枯燥的过程，是需要学习者一直坚持下去的，要一直保持对学习有动机、感兴趣，才能一直持续地学习下去。

当然，如果校长具有较强且深厚的教学理论，以教学理论为基础的学校管理工作，只有具备成熟的教学理论，才能由管理者慢慢向教育者进行转变，这对于信息化推进工作具有很大的作用。另外，理论是能力提升最重要的途径，理应引起重视。

(三) 以教学管理为主的应用迁移

众所周知，理论与实践相结合，只有将两者相辅相成，共同促进。理论是开展实践的重要条件，而实践又是检验理论是否有效的唯一途径。这就意味着，要想更好地提高信息化教学领导力，就应该注意将教学理论学习与教学管理实践有效地结合在一起。当然，值得强调的一点就是，注重理论学习到教学管理实践的应用迁移，可以帮助校长更好地掌握信息化教学理论。但是，在进行迁移的过程中，需要注意几个问题。

1. 教学目标管理中渗透信息化教学的要求

教学目标作为教学过程中最重要的组成部分，对教学设计具有一定的引导作用，我们也可以说，教学目标完成程度是判断一堂课优劣的最重要的标准。然而，在传统的教学中，教师过于注重理论知识的传授，认为只要提高学生的学习成绩就算完成了课堂教学目标，严重忽视了学生技能素质及综合能力的培养，这样的教学方法显然是不利于学生发展的。所以，在制定教学目标的过程中，应该注重教学三维目标的设计,要让学生在先进的信息化环境之中不断成长、不断进步,从而进一步地提升学生的综合能力。

2. 教学过程管理中注重信息化教学的应用

在进行相应的教学管理工作中,校长应该多注重教师信息化教学能力的培养,多给教师安排一些相应的培训活动。这就要求,教师在实际的教学过程中,多注重信息化教学环境的创设,让他们学会利用信息技术进行教学,多多采用一些有关于信息化教学模式,以促进课堂教学效率的提升。另外,校长在听公开课的时候,一定要有针对性地对教师在信息化教学应用过程中的表现给予真实、准确的评价,然后就教师在教学中所存在问题开展一系列的讨论活动,最后有针对性地帮助其改正,从而不断地提升教师的课堂教学能力。

3. 课程管理中注重保证信息化教学时间

根据面向信息化的教师专业发展阶段理论研究表明,当教师发展到生态进化期的困惑、怀疑阶段时,不利于信息化教学目标的实现。所以,在进行教学管理时,校长应该注重对信息化教学时间的保证,应多给予教师一定的鼓励与支持,要让他们在教育的实际情况下学会应用信息技术,以加大信息技术的应用程度。

4. 教师管理中注重信息化教学能力的提升

随着教育改革的不断深入,对教师的要求也会越来越高,所以,校长也应该对教师提出不同的要求,除了要求教师应用信息化教学,还应该注重教师的专业发展。应仔细观察教师在开展信息化教学工作中所遇到的问题,并对问题进行答疑解惑,尽可能地帮助教师解决问题,与此同时,也可以开展一系列的培训活动,以促进教师的专业发展。

5. 学生管理中注重学生信息素养、学习能力的培养

除了要对教师进行管理,还应该对学生进行有效的管理,应在教师管理学生的基础之上建立一个可以沟通、管理的通道,可以时刻观察学生的真实情况,了解学生的实际需要,为开展学生管理工作奠定坚实的基础。具体工作实际就是,在管理学生的过程中,校长应该多吸收一些教学理论和学生发展心理理论,依据理论并结合学生发展的实际基础,对学生的信息素养、信息能力提出一定的要

求。所以，应注重开展信息化教学，让学生在教学的过程中获得更多的文化知识，以提高学生探究、合作的能力，让他们能够正确认识到网络的优点和危害性，从而更加正确地使用网络技术。

（四）以协作教研为主的对话交流

在理论学习及实践应用的前提之下，要注重加强同一地区、不同学校的校长之间的协作关系，要全力调动起他们合作的积极性。这主要就是考虑校长在学校管理中所出现的无助感以及在学习中突发的奇思妙想，如果将同一地区不同学校的校长都集合在一起，调动他们的积极性，让他们能够有更多的机会与别人交流与互动，这样不仅可以让校长在交流与互动的过程中慢慢找到职业归属感，而且还可以通过交流得到更多的知识，这样有利于校长能力的提升。

就相关教育实践来看，虽然校长作为学校的最高领导者、管理者，但是与学校教师的接触时间还是不够多，再加上由于校长职业的特殊性，使得在日常学习与工作中所出现的疑问或者问题都不愿意与教师交流与互动，从而无法更好地解决问题，也严重影响了校长信息化教学领导力无法提升。所以，要注重开展校长之间的教研活动，多给校长提供一些可以学习的机会和空间。为了提高他们的协作交流效率，应该遵循以下原则。

1. 可行性原则

各位校长之间协作研讨活动的可行性，这是由于同一地区的学校太多，而每个学校都配有一个校长，因而校长人数非常多，所以，开展校长教研会的难度也会越来越大，纵使教育部门积极地开展，也会因为人数的原因，导致教研会的作用没有真正地发挥出来。

基于这种情况，教育部门应该开展一些小范围的、经常性的教研活动，增加开展活动的时间长度，还应该注重教研活动内容的可行性，在制定教研活动内容的过程中，应该根据不同学校的发展目标和教育发展内容，只有保证了教研活动内容的可行性，才能更好地开展教研活动，提高校长的综合能力。

2. 针对性原则

针对性原则主要是指在开展校长教研活动的过程中，针对某一个问题进行分析与研究，比如：针对信息化教学管理的一种有效措施、一种评价方式以及一种管理手段等，就这个问题进行进一步的研究，挖掘出其问题本身的真正价值。教研活动针对某一个问题进行讨论，既可以大大地激发校长的积极性，还可以让教研活动变得更加生动有趣，可以让校长感受到来自教研活动的魅力。

3. 检验性原则

开展校长间的教研活动最大的目的就是全力地促进校长教学领导力的提升，所以，在开展完活动之后，还应该大大地鼓励校长将所学习到的知识积极地运用到管理实践中，这样一来可以检验校长掌握理论知识的程度，还可以在一定程度上提升学校管理效率。

4. 实际性原则

实际性原则就是要求在制定教研活动内容的时候，应该根据区域的学校发展情况和校长的个人能力表现情况，贴近实际，从实际出发，坚决杜绝形式化的内容，只有从实际性出发，才能让校长理解真实的情况。比如：如果在教研活动的过程中，我们已经发现了校长在掌握信息化教学理论方面还是不够，还无法准确了解其内涵，就开始进行学校信息化教学改革的研讨，那么这种教研活动是无效的，是无法起到真正作用的，是无法提升校长信息化教学领导力的。

5. 发展性原则

当然，在选择教研活动内容时，我们除了要注重学校教学管理现实需求，还应该时刻关注学校信息化教学的发展情况，所以在进行教研活动内容的过程中，还应该根据学校发展的现实情况，从教师的专业发展以及如何提升学校教师队伍的整体素质等方面入手。比如，学校教育信息化向什么方向发展，应该如何发展？应该采用哪种渠道来提升教师的信息化教学能力等。之所以要遵循发展性原则，就是要培养校长信息化教学领导力的前瞻力，先让校长有一个方向，一个如何把控学校发展的方向。

综上所述，在进行校长之间的协作活动时应该将以上原则的内容融入进去，只有这样才可以让教研活动更加贴近实际，能够更好地发挥出作用，避免出现一些不必要问题的发生，从而从根本上提升校长的信息化教学领导力。

（五）以教书育人为主的管理心态

管理心态对于一个管理者来说是非常重要的，只有具备一个以教书育人为主的管理心态，才有利于更好地管理学校。校长作为学校的特殊人才，是集领导者、管理者、教育者于一身，但由于教育行业具有一定的特殊性，所以要求校长做好一个教育者，然后才能是一个管理者。

众所周知，学生是一个祖国未来发展最重要的人才力量，而教育则是一个国家最重要的事业，是可以关系到国家存亡和民族兴衰的。虽然，我国已经开始慢慢从传统应试教育向素质教育方向发展，但目前还是存在应试教育，给教育事业带来了诸多的困难。小学生是祖国的花朵，是祖国发展的重要力量，需要我们付出更多的心力去保护他们、培养他们，最终让他们成为一个优秀的人才。作为一名小学校长，应该做好学校管理工作、学校教育工作，要将传统教育慢慢转变为素质教育，要积极地鼓励教师不断地采用新型的教学方法，简单来说，就是应该具备以教书育人为主的领导心态。

作为一名校长，只有将目光放远一些，既要做好教育工作，也要做好管理工作，全心全意地为教师、学生服务，了解他们的真实需要，走进他们的世界。但值得强调的一点就是，在持以教书育人为心态的管理过程中，我们应该注意以下几个问题。

1. 理想主义与实用主义相结合

在伦理学上，把追求理想作为人生的最高目标，置于一切快乐之上的主张称为"理想主义"。众所周知，理想主义其实就是信仰基础上的一种追求，主要就是追求一种精神层面。而实用主义更多的是追求一些实用的东西，主要是以效果、公用为标准。

如果校长只具备一种意识是不行的，只有具备两种意识，才能更好地进行管理。所以，除了应该具备一定的理想主义意识，对未来抱有一定的幻想，具有一定的感情色彩，还应该具备一定的实用主义意识，只有将这两种意识有效地结合在一起，既要树立振兴学校教育的远大理想，放眼于未来，建立一个更好的发展目标，与此同时，也应该着眼于实际，从实际出发，需要脚踏实地一步一步地管

---

① 张焕庭．教育辞典［M］．南京：江苏教育出版社，1989．

理学校教育工作，只有这样才可以更好地开展信息化教学工作。

2. 知行合一

学术界对"知行合一"的理解至今未能达成共识，知行合一指的是，校长能够在明确自身在学校教学管理中所处位置的前提下，为了达到管理目标、发展教学的目的，而身体力行地去学习教学理论、管理知识，并且能够根据现实情况，对学校的教学现状做出大刀阔斧的改革，一切以学生发展为目标，以"铁的手腕"克服学校信息化教学发展道路上的种种困难。在这个"行"的过程中，使自己更深地理解教学管理、改革方面的"知"，"知"的获得也促进了"行"的效果，两者相互促进、相辅相成。两者的统一使得校长领导力呈现出螺旋式上升的发展特征。

二、小学校长信息化领导力提升的外部支持策略

（一）职前培训与在职培训相结合

职业培训作为提升小学校长信息化领导力最重要的一条途径，也是目前采用最为广泛的一种方式。职业培训主要就是指对校长进行职业知识与实际学校管理技能的培养与训练活动，既要丰富校长的管理理论，也要不断地提升他们的综合能力。

简单来说，职前培训主要就是培训校长的基本能力，主要体现在以下几个方面：

1. 基础教育

基础教育的内容主要有：让校长更好地知道学校的发展历史、学校管理的规章制度和学校文化，信息化教育理论、管理知识、管理理念等。之所以要开展基础教育，主要就是为了让校长了解更多的管理理念，信息化管理知识，为促进校长信息化领导力的提升奠定坚实的基础。

2. 行为培训

行为培训主要有：熟悉学校管理工作流程、讲解面向信息化的学校发展现状

以及发展目标、校长工作手册任务等。

在职培训主要就是根据校长专业发展、学校教育改革的需要进行不定期的具有一定梯度的较高水平的培训。当然，为了更好地促进校长信息化领导力的提升，在职培训还应该包括以下几个培训内容。

（1）教育信息化理论培训。就目前实际的校长管理工作情况来看，影响校长专业发展最重要的一个因素就是，绝大多数的校长缺乏丰富的教育理论，致使教育管理工作难以开展下去。所以，在实际的培训工作中，应该注重教育理论的讲授，多给校长传授一些先进的教育理论，还应该帮助校长分析一些当前的教育理论成果。当然，值得强调的一点就是，由于教育理论知识过于枯燥，如果还是坚持采用传统的培训形式，显然是不行的，应该注重培训形式的灵活性和丰富性，从而激发校长学习教育理论的积极性，丰富校长的知识结构，为开展教育管理工作奠定坚实的基础。

（2）应该有一个提问时间。如前所述，教育理论的学习非常枯燥，单单用传统的培训形式，所获得效果并不理想。而提问既可以激发校长学习的积极性，还可以营造出一个良好的学习氛围，尤其最重要的是，给校长提供一个提问的时间，当校长在学习教育理论的过程中，对某个知识点或者某个理论的概念认识还不够清晰，通过提问的方式就可以帮助校长解决问题，实现答疑解惑。

在加强职业培训工作的过程中，一定要注重培训的科学性和艺术性，要让校长在培训的过程中获得更多的知识，要帮助和鼓励校长将教育理论应用于管理实践工作中。

（二）统一培训与实地指导相结合

统一的培训可以在短的时间内帮助校长得到更多的文化知识，统一培训作为时下最受欢迎的一种培训方式，其具有高效、便捷的特点。当然，还存在一点弊端，针对性不够强，无法针对校长进行培训。这是因为，不同地区、不同学校校长的基础知识水平、学习能力、认知能力以及学习能力都不一样，存在很大的差异性，而对校长进行的培训则是教授者按照自己的思路，针对大部分的校长发展情况制定的培训内容，非常不利于校长能力的提升。

实地指导主要是指专家能够深入学校基层考察学校及校长信息化教学领导力发展现状，针对某一学校的实际情况，对校长信息化教学领导力的发展给予更好的指导，尤其是可以根据本学校所出现的信息化教学问题，校长信息化领导力弱，应该帮助校长解决在进行信息化教学管理工作存在的问题，并采用合适有效的教学策略。与统一培训的特点不一样，实地指导具有较强的针对性和实践性，对于提升校长信息化教学领导力具有非常重要的作用，是值得我们学习与应用的。当然，每种方法都有其优点和缺点，实地指导也是一样的，耗费的人力、物力、财力、时间非常之大，尤其是实地指导在培训校长人数上还有明确的要求。

从以上内容中，我们可以看出，统一培训与实地指导都有各自不同的优点和缺点，而从它们的优缺点可以明显看出，它们两个可以相互弥补，相互促进，共同弥补，扬长避短。所以，为了更好地提升校长信息化教学领导力，我们应该把统一培训与实地指导有效地结合在一起，起到扬长避短、相互促进的作用。但由于两种培训方式在培训内容上都有所不同，所以，在两者结合的过程中，应该注意以下几个问题。

1. 统一培训与实地指导的开展要留有一定的时间差

在对校长进行统一培训之后，还应该根据培训的内容给校长布置一些实践性较强的学习任务或者说是工作任务，便于校长将理论知识变为实践能力，通过这样的方式，不仅可以加强校长理论知识的认识程度，而且还可以提升校长的实践能力。当然，在进行统一培训之后，还应该组织校长进行实地指导，让校长更能清楚地了解到，更直接地观察到，但统一培训到实地指导之间应该注意一个适当的时间间隔，时间间隔太短，会导致应用不够充分，收获的效果不够理想，而时间间隔太长容易影响培训成果的掌握，不利于校长能力的提升。因此，为了保证培训的效果，一定要注意实地指导与统一指导的时间间隔，为校长营造一个更好的培训氛围。

2. 全面交流与重点指导

在展开实地指导的过程中，并不需要各个学校平均用力，要在保证与各个学校充分交流的前提下，针对个别的学校展开重点指导。通过采用这样的方式，一来可以整体提升校长的信息化领导力，二来也可以避免资源的浪费，达到效果与资源的统一。

3. 注重"联片指导"的作用

针对某一个学区出现的共同的教学实践性问题，可以聚集该"学片"的校长教师,有针对性地进行整体的培训和指导,这样不仅能够解决问题,同时也能节省时间。

(三)传统交流与网络互动相结合

从实际的培训效果来看,虽然,传统的培训方式——面对面在提升校长信息化教学领导力方面有不错的成果,但由于面对面的交流机会较少、时间较短,无法随时随地地与校长进行面对面的沟通与交流,当然,也无法时刻解决校长在教学管理过程中所遇到的问题,致使校长在遇到问题时不能及时地解决。

随着信息技术的不断发展,各项网络技术正层出不穷地出现在人们的视野之中,而网络技术刚好可以弥补传统面对面的培训方式,可以让校长间、讲授者更好地沟通与交流,可以把交流通道变得更加顺畅。当然,网络技术也有其不可避免的缺点,讲授者无法更好地了解校长的情况,致使收获的效果不尽如人意。因此,应该将传统交流的方式与网络技术有效地结合在一起,以更好地提升校长信息化领导力。将两者的结合,可以通过以下几种方式来实现。

1. 专家网络讲座

从目前的发展情况来看,专家网络知识讲座可以分为实时网络讲座与非实时的网络讲座。实时网络讲座是指专家与校长经过事先约定,在特定的时间借助网络交流平台及视频直播平台进行的讲座活动,这种讲座可以是在 QQ 群文字聊天的形式也可以是多人视频的形式。这种形式具有一定的优点,如可以与专家进行实时交流,自己提出的问题可以得到及时的解决,交流的方式更加的灵活。但这种方式对时间的要求较高,必须要求互动的双方同时在电脑前,因此这也显示出了一定的局限性。另一种讲座方式为非实时的视频录像讲座,专家可以事先了解校长的疑惑和问题,挑选自己空闲的时间针对一定数量的问题进行统一回答,然后将讲座视频发布到网络平台上,使校长可以异地非实时地观看讲座,获取知识。

2. 校长论坛

校长论坛就是可以统一地区的不同校长间的交流与互动,可以实现异地沟通与交流,在这里,校长也可以在论坛社区发表自己在教育方面的情况或者在教育方面感到疑问的地方,让其他校长来答疑解惑,通过不断地交流与互动,校长各个方面的能力都能得以提升。

除此之外,教育部门的教育专家也可以通过定期地查看校长论坛的情况,慢慢总结出校长经常在教育管理中所遇到的问题,对此发表自己的一些意见和看法。

(四)设施建设与软件服务相结合

软件服务的意思就是把相关的教育软件和服务结合在一起的一种模式,其包含内容之广,比如:教育软件产品、培训服务等。随着教育改革的不断深入,教育信息化建设速度日益加快,就目前的教育实践来看,我国小学在信息化教学方面也取得了不错的成效,但由于缺少大量资金的支持,导致所配套的软件服务缺失,让大量的教学设备和设施没有发挥出作用,出现了闲置、利用率低下的情况,尤其是这让信息化教学效果大打折扣,所取得效果并不理想,也严重影响了校长信息化领导力提升,这对于小学教育来说是非常不利的。

因此,为了更好地提升小学校长信息化领导力,促进信息化教学的建设脚步,我们应该将相应的教育设备设施与软件服务有效地结合在一起。但由于两者具有一定的特殊性,所以,在结合的过程的中,还应该注意以下几个问题。

1. 信息化教学设备的维护

从信息化教学工作实践中,我们发现,虽然校长已经认识到信息化教学的重要性,认清了推动信息化教学对于学生发展、教师发展、学校发展都具有非常大的作用,因而开始购买一些硬件设施,为开展信息化教学提供便利,但是并没有安排相应的人定期地对信息化教学设备进行一定的日常修护工作。由于信息化设备有时候会因为多种原因导致设备出现故障,无法正常地使用,从而影响了信息化教学工作的开展进度。就此,校长应该培养一批专门修护、保养信息化教学设备的专业人才,这样才能更好地进行教育信息化教学工作,从而为提升信息化教学效率奠定坚实的基础。

2. 信息化教学软件的更新升级

信息化教学软件的升级换代可以让信息化教学工作变得更加简单、高效,有利于优化教学结构,减轻教育者的工作难度。因此,校长应该根据当前的信息化而安排人对本校的教育信息化设备进行更新换代。

3. 信息化教学软件使用方法的培训

虽然，目前绝大多数的教师已经慢慢学会使用信息化设备，也有了属于自己的应用步骤，但从整体上来讲，能力还是不够，还是需要进行培训，让教师能够更加熟练地掌握信息化技术，能够熟练地将信息技术应用于教育实践中。

4. 教育科技前沿的介绍

众所周知，向校长和教师介绍一些教育科技前沿，让他们掌握更多的理论知识，对于提升他们的信息化教学领导力有很大的作用。尤其是将教育科技前沿成果有效地应用于传统的教学中，可以起到优化教学结构、改变教学气氛的作用。鉴于此，校长和教师应该不断地学习一些教育科技前沿知识，了解更多的信息化技术，掌握其理论知识，并将其有效地应用于教育工作中。

5. 持续的后期跟踪服务

开展软件服务原本就是一个长期且艰巨的工作，周期性很长。因此，校长应该开展后期跟踪服务。从当前的发展情况来看，开展后期跟踪服务工作有两个非常大的优势：第一，可以为学校提供正确的使用信息化设备以及软件所需要的知识与技能；第二，还可以收集更多的数据，为更好地开展工作提供更多的数据支撑，从而提升教学质量。

（五）绩效改革与制度管理相结合

传统的绩效考核无法更好地反映校长信息化教学领导力的情况，还是导致目前绝大多数校长信息化教学领导力迟迟没有提升最重要的一个原因。

当前，校长对学校信息化教学的管理工作情况在绩效考核体系所占的比重非常小，尤其是考核的指标也不够明确，从而导致绝大多数校长对信息化教学管理工作并不上心，更有甚者直接忽视了信息化教学管理节奏。众所周知，绩效考核制度对于校长的工作来说，有非常大的引导作用，可以帮助校长认识到在信息化教学工作的不足之处。但由于目前对校长信息化教学工作的绩效考核体系不够完善，考核指标不够合理，也就是说，在绩效考核体系中对考核校长开展信息化教学应用程度所占比例不多，所以，这就导致绝大多数的校长只注重硬件设施的建设以及一些非常浅显的工作，比如：信息化教学的宣传标语等，没有将信息化教学工作落到实处。就此，应该健全并完善考核体系，明确考核指标，将校长开展信息化教学工作纳入重点考核体系中。

1. 校长绩效改革要注意的问题

（1）公平原则。在制定考核体系中，要尽可能地保证公平、公正，要尽可能地剔除校长能力之外的不可控因素对绩效的影响，以保证校长的权利和义务，也能更加真实地反映出校长的真实情况。

（2）严格原则。在制定考核体系中，一定要有一个明确的考核标准、严格的考核制度和科学合理的考核步骤和方法，尽可能真实地反映校长情况。

（3）结果公开原则。在完成了对校长的考核工作之后，应该对绩效考核的结果公示，要在整个过程中，都要体现出公正公开的原则，要尽可能地让校长对考核工作没有疑问、没有怀疑，尊重考核结果。当然，值得注意的一点就是，将考核结果公示的目的就在于可以让校长更好地了解自己情况，找到自己的不足之处，从而在以后的教学工作中尽可能地改正这一不足之处，以确保信息化教学工作的完整性。

（4）结合奖惩原则。当然，在对校长进行考核的过程中，除了对那些表现不好的校长提出批评，还应该对那些表现好的校长给予一定的鼓励，除了精神上的奖励，还应该有一定的物质奖励，比如：奖金、职位晋升等。只有将惩罚和奖励一起使用，才能得到更好的效果。

（5）客观考评原则。在考核的过程中，应该注重客观考评原则，其应用效果如何，将直接影响整个考核制度的实施。

（6）反馈原则。在对校长进行考核完成之后，除了应该公示，还应该及时地反馈给校长，并对考核的结果做出一个更加详细的说明，让校长更加清楚地明白在开展信息化教学工作中所存在的不足之处。

2. 校长管理制度应该注意的问题

（1）规范性。管理制度的最大特点就是规范性，学校管理和教学本身具有固定、规范的步骤和方法，因此，管理制度的建立也应该与具体的管理行为和教学行为相适应，具有规范性特点。

（2）层次性。管理具有层次性特点，上层的管理制度注重管理哲学和教学理念的要素，强调理论。低层的管理属于操作和执行层面，强调执行。因此，管理制度对校长工作的要求也应注重层次性。

（3）适应性。制度的建立是为了更好地保证学校管理的顺利运行，因此不应"为了制度而制度"，应该根据不同地区的实际管理需要，制定符合当地学校教育发展的校长管理制度。

（4）有效性。校长管理制度要保证对校长的管理有效，制度管理应该在人性化的尊重前提下进行，通过制度来管理校长是为了提高校长的管理能力和管理学校事务的效率，而非简单地为了制约校长。因此，管理制度的建立也应让校长参与，以求保证制度为有效可行的制度，真正有效地支持校长的管理工作。

第六章 从弱校精准帮扶探小学校长的道德领导力

第一节 小学校长的道德领导力概述

一、小学实施道德领导的基础

在后现代社会的今天,技术飞速发展,全球竞争激烈,环境复杂多变,知识和信息转变成组织最重要的资本,员工个体对于有意义工作及个人与职业发展机会的期望不断增强,传统的组织管理模式渐趋呈现出病态,这一系列的变化都呼唤着组织管理的变革。在上一部分中,笔者对校长道德领导力的内涵已经进行了论述,而且认为应将道德领导置于学校领导的首位。本章通过结合小学校组织的特点及实施道德领导与小学校长道德领导能力提升之间的关系来分析小学校实施道德领导的必要性。具体来说,正是由于学校组织是特殊的专业人员组织、双重系统、松散结合系统、非正式组织以及典型的学习型组织,同时当前小学校园管理存在严重的科层化倾向,决定了学校必须实行道德领导,小学校长道德领导力的提升势在必行。

(一) 小学校组织特点分析

所谓组织，是指按照一定的目的、任务和形式建立起来的集体。现代社会中，每个人从出生到心脏停止跳动，一辈子都处在各种各样的组织中。我们的社会充满着各种组织，如家庭、学校、公司、医院、俱乐部、军队、政党、政府机构等。当今社会，组织的观念已经发生了转型，由一直以来被视为完成任务工具的组织逐渐被认定为为成员提供生活和发展空间的地方。学校更是如此，它不仅仅是一个为学生未来发展做准备的地方，更是一个全校师生及管理者们成长、生活和追求发展的地方。范国睿（2003）认为，"学校是社会专为实施有组织、有目的、有计划的教育而创办的一种特殊的正式的规范性社会组织，其目的是为儿童和青少年提供适当的身心发展环境，使其顺利完成社会化过程，成功地参与社会生活"。①

从组织的视角来横向比较，可以清楚地看到，学校与政府机构、医院、工商企业、军事组织等在很多方面并不具有可比性，学校是一个独特的组织，是一个以育人为中心目标的组织。挪威学者达林（Dalin P.）认为学校组织的目标不明确，缺乏赖以支持的资料，组织内部整合性差，信息基础薄弱，缺乏必要的竞争。中国台湾学者如张明辉、萧锦利等（2004）认为，学校组织具有科层体制、松散结合、非正式组织等特性。综合先辈们的研究，下文将试图从学校组织的复杂性、职能多元化组织、非正式组织以及学习型组织等角度来分析学校组织的特点。小学校组织结构日益复杂化。

随着我国教育事业的发展，教育规模不断扩大，教育结构日趋复杂。目前，学前教育、特殊教育都在改革创新中不断前进，展现出强劲的发展势头。高等教育毛入学率逐年增加，进入国际公认的高等教育大众化发展阶段。② 当前学校教育规模日趋扩大，教育功能呈现多元化，教育结构日益复杂，学校管理的各项职能也日益分化。面对教育事业的迅猛发展与日益复杂的学校组织，传统的组织管理理论已不能适应现代学校组织的发展。

(二) 小学校组织职能日趋多元化

近代学校出现以后，由于其职能相对简单，所以最初的管理是一种"功能制

---

① 范国睿. 学校管理的理论与实务 [M]. 上海：华东师范大学出版社，2003：77.
② 吴国平. 教育领导：一种学校组织行政的新视域 [J]. 全球教育展望，2009 (11).

管理",即由教育行政部门对学校进行直接的监管,校长主要负责学校教学、教育工作的组织,对学校中的教职员管理的权力相当有限。1985年5月29日,中共中央发布了《关于教育体制改革的决定》,明确提出了"学校逐步实行校长负责制","要建立和健全以教师为主体的教职工代表大会制度,加强民主管理和民主监督。学校党组织保证和监督党的各项方针政策的落实和国家教育计划的实现"。1993年又颁布了《中国教育改革和发展纲要》,进一步明确提出:"中等及中等以下各类学校实行校长负责制。"校长开始全面负责学校内部事务的管理,这是对新中国成立以来小学实行的领导体制的历史总结,确立了学校内部的领导结构、方式和校长的地位、权限。① 随着社会的不断发展及现代教育的逐渐普及,教育规模不断扩大,学校职能日趋复杂。个人社会化的需求促使了教育在社会生活中的地位日益提高,学校的社会调节功能角色逐渐加强,社会功能日益凸显。

(三)小学校组织的非正式特征

自从梅奥等的"霍桑实验"以后,"非正式组织"就广为天下人所知。相对于正式组织而言,如果一个社会组织的内部没有固定的成员,也不存在确定的机构和明确的任务分工,及正式的组织制度等,这种组织就属于非正式组织。它的特点有交互行为、民主导向、共同兴趣、自然领袖、社会控制力、缺乏客观性、成员重益性等。所以,非正式组织可以是一个独立的团体,比如学术沙龙、业余俱乐部等,也可以是一种存在于正式组织之中的无名而有实的团体。这种组织的产生,往往是基于人们彼此之间的志趣、嗜好、年龄等有许多共同点,当然它的产生可能也有其他因素,例如地位、能力、工作地点相近,或者有利害相关,等等。

以此为参照的话,学校存在着大量的非正式组织,如教师之间,学生之间等多以非正式组织的面貌呈现。学校组织中组织成员的人际关系往往是靠私人友谊所建立的非正式社会关系。教师间和学生间,由于共同的工作、求学经历、兴趣、利益、学术观点等而自发形成非正式群体。特别是教师间的非正式团体,会逐渐形成自己的价值与规范。虽然他们没有正式机构和明确的组织界限,仅仅依靠约定俗成的行为规范来约束其成员的行为,即便如此,他们依然对学校组织功

---

① http://blog.sina.com.cn/s/blog_ Sefa06140100fx53.html,2009-11-26.

能有着很大影响。除此以外,学校中的这些非正式组织在维持学校文化传统、组织中共同愿景的确立以及学校文化的建设中都起着至关重要的作用。总之,正式组织与非正式组织两者如影随形,学校领导需要统合两者的正向功能。

(四) 小学校组织的学习型特征

彼得·圣吉在其著名的《第五项修炼》一书中提出学习型组织是"能够设法使各阶层人员致力于组织目标的实现,并能自觉努力不断学习的组织"。① 并且在该书中提出了广为世人所知的构建学习型组织的五项修炼:第一,自我超越;第二,改善心智模式;第三,建立共同愿景;第四,团队学习;第五,系统思考。在这五项修炼中,第五项系统思考既实用又系统,非常贴切地融合了前四项修炼,因此被认为是最为重要的方面。《第五项修炼》的中文译者,中国台湾学者杨硕英说:"彼得·圣吉所倡导建立的学习型组织,是一种非同凡响,更具人性化的组织模式。它倡导全体组织成员形成强大的学习团队,有着共同的愿景与统一而又崇高的核心价值使命,各成员间相互协作,具有良好的团队精神与强韧的生命力以及实现组织目标的强烈渴望。在其中,人们脚踏实地,心手相连,勇于挑战极限及传统的思维模式,目光长远,充分发挥生命的潜能,追求心灵的成长与自我实现,并与周围的世界产生一体感受。"② 这句话十分贴切、精准地道出了学习的重要意义,人在学习团队中的升华,点出了工作要学习化,学习要工作化。

随着教育改革的不断深入,教育与社会发展结合得越来越紧密,许多专家、学者都认为学校最终必然会走向学习型组织。相对于企业与政府组织,学校能更好地反映学习型组织的特性:首先,学校组织内部的关系结构、学校领导人的管理活动、教师的教育教学活动等,全部都是人与人的关系,其对象都是活生生的人。而企业组织、政府机构中,人与物的关系占了很大成分。其次,学校的教育活动能够充分地体现出学习的价值。在教育变革为背景的大环境中,学校承载着教书育人的基本功能,全体学校组织成员都以学习为前提,教师既是教育者又是学习者,而学生更是以学习作为其天生使命,几千年来都如此,就老师本身而

---

① 彼得·圣吉. 第五项修炼——学习型组织的艺术与实务 [M]. 郭进隆译. 上海:上海三联书店,1998.

② 郁义鸿. 组织修炼 [M] //卢晓静. 促进教师专业发展:基于学校组织结构层面的分析 [D]. 山东师范大学硕士学位论文,2006.

言，在今天这样一个信息社会、知识经济时代，教师自身的继续教育与持续学习显得格外重要，作为知识的传播者与创造者教师必须要不断地用新的知识充实自己，积淀学识，才能做到诲人不倦。现代学校只有本身成为一个学习型组织，并把这种学习精神灌输给全体学习者，才能更好地促进教师与学生的共同发展。与此同时，在实践学习精神并在这种精神的统治下，学校本身也才能在激烈的社会竞争中立足、生存和发展。21世纪是强调"把人作为发展的中心"的世纪，人类发展需要学习型组织，需要学习型学校，这是时代的要求，学校发展的要求，是师生共同发展的要求。

二、当前小学实施道德领导的必要性

学校是育人的专门场所，担负着为社会教育和培养下一代的重要任务，小学校的教育经历和教育成果承担着为年青一代一生的成长发展打基础的重要职责。因而，作为小学校长应清醒地认识到，学生在学校教育中所获得的知识、才能，是学生将来自身发展和服务社会的基础，而通过学校教育所形成的道德品质特别是道德观念和道德自律能力更是决定了学生将来的发展方向，也将对整个社会的道德水准产生重要影响。因此，校长对学校的领导首先应当是道德领导。

（一）实施道德领导是适应社会发展的需要

进入21世纪，我国社会经济事业不断发展进步，国家各个领域都发生了天翻地覆的变化，学校教育水平已然成为知识经济时代竞争的焦点，教育领域面临着前所未有的挑战，出现了一系列亟待解决的问题。作为小学校领导者的校长也承受着更多压力，面临着诸多挑战。学校教育的核心是实现其道德目标，即让每一个学生都能够得到充分的发展，这就需要对传统的学校教育进行彻底而深刻的变革。随着课程改革的不断深入，人们日益认识到，传统的学校管理理念和模式是妨碍新课改实施的障碍。学校管理模式的更新对于课程改革的成效具有重大影响。道德领导是当代西方教育管理领域颇具影响力的一种学校管理理论，它倡导创建良好的育人环境，构建积极向上而又具有鲜明特色的学校文化，促进学校共同体的形成和不断发展；关注人性化，处处体现着对人的关注和充分尊重，顺应了社会发展的新趋向，与基础教育课程改革的价值取向相一致。实施道德领导是适应社会发展所必需，它需要校长组织学校力量在深刻分析学校发展的历史及现状和科学预测未来发展趋势的基础上,根据国家的方针政策和相关法律法规,融合校长个人的教育理想、信念和价值观,对学校发展方向进行正确定位,突出学校特色,打造学校品牌,并通过评价反馈及时进行调整,以共同愿景引领学生的全面发展和学校的可持续性发展,使学校成为一个与时俱进的学习共同体。学校道德领导的实施对校长的领导力提出了更高的要求,迫切需要转变其传统领导方式,更多地思考领导的道德维度,促进人性化的学校管理,形成一种新的领导视野,并不断地将理论和实践相结合,促使道德领导在小学校的有效实施。

(二) 实施道德领导是教育变革的内在要求

基础教育改革倡导立足社会主义初级阶段的基本国情,把握教育发展的阶段性特征,关注学生作为"整体的人"的发展,创建富有个性的学校文化,提高学生的自主性与创新性,增强教育活力。基础教育改革在政策颁布、推行以及不断深化的过程中遇到了各种困难,学校管理也出现了一系列新的问题甚至是潜在的弊病。其中,传统的学校管理理念和模式是妨碍新课改实施的最主要因素之一。道德领导是顺应社会发展,关注人性的领导方式,它倡导创建良好的育人环境,积极促进全体组织成员间的道德文化互动,形成共同价值观念,构建积极向上而又具有鲜明特色的学校文化,从而规范自身行为,促进学校共同体的形成及学校组织的良性运转。这一理念有利于改变小学校传统管理模式,推进基础教育改革的有效实施。教育变革呼唤着学校道德领导的实施,道德领导在学校的践行也有助于教育变革的开展。小学校是基础教育改革的重要阵地,小学校长不仅是教育变革的执行者与监督者,更是学校变革的领导者和学校文化的缔造者。随着基础教育改革的纵深发展及校长负责制的渐趋完善,社会和公众对学校及校长给予了越来越多的关注,学校之间的差异往往被看作校长差异的外在表现。校长自身领导水平的高低已逐渐成为衡量小学办学质量的重要指标,学校的发展情况与校长的道德领导能力的高低渐趋呈现正比趋向,小学校长渐趋成为基础教育改革成败的最关键因素。在基础教育改革不断推行实施的过程中,作为学校变革核心人物并肩负着教育重大使命的校长不能只是被动接受、等待上级的指示,而应该以专业化发展的需求出发,承担多元的校长角色,转变领导方式,关注学校不同的人或群体的需求,接受新的思维,构建成功的价值愿景,凝聚全校师生形成强大的向心力,实施道德领导并不断提升其领导能力及领导水平,从而推动组织目标的实现,应对学校变革的需求,促进教育变革的发展。

（三）提升小学校长道德领导力对于实施学校道德领导的意义

小学校长道德领导力的提升对于学校道德领导的实施具有重大意义。实施道德领导，是一种学校领导的理念与思路，它要求校长注重道德修养，提高道德素质，又要求校长转变学校管理理念、方式，重构学校内部管理机制。要实施道德领导，必然需要道德领导力，小学校长良好的道德领导能力是学校道德领导得以有效实施的关键。

1. 提升小学校长道德领导力是实施学校道德领导的必要条件

校长是学校的灵魂，校长个人领导能力的高低直接影响着学校的发展与进步。具备卓越领导力的校长，必须具有比较前进的教育理念，意识到自身对学校发展的重大使命，并且能够充分运用自身的影响力与感召力统筹规划，协调各方，带领全体组织成员有效开展教育教学工作，促进组织目标的实现。实施道德领导，是一种学校领导的理念与思路，它要求校长注重道德修养，提高道德素质，又要求校长转变学校管理理念、方式，重构学校内部管理机制。道德领导的实施必定要求学校管理者去实践，学校道德领导能否有效执行实施，小学校长的道德领导力水平是关键。校长较高的道德领导力水平是适应社会发展，促进教育变革的重要因素。如果缺乏应对变化、果断决策、组织协调的领导能力，校长就无法转变原有的教育理念与思维方式，无法带领全体组织成员，树立共同愿景，构建核心价值理念，激励全体师生教职工，有效发挥领导作用。因此，小学校长卓越的道德领导力是实施道德领导、应对教育变革、保证学校发展的必要条件。

2. 小学校长道德领导力的提升有利于促进学校道德领导的有效实施

随着基础教育改革的纵深发展及校长负责制的渐趋完善，社会和公众对学校和校长给予了越来越多的关注，学校之间的差异往往被看作校长差异的外在表现。校长自身领导水平的高低已逐渐成为衡量小学办学质量的重要指标，学校的发展情况与校长的道德领导能力的高低渐趋呈现正比趋向。在教育变革的大背景下，小学校长在时代的进步与学校管理的发展趋势中越来越凸显出作为校园的灵魂人物的地位和重要性。校长良好的个人领导力是推动小学校园发展的核心因素之一。随着学校规模的扩大和学校组织结构的复杂化，实施道德领导，引导学校教育教学工作的有序正常开展，是保证学校教育目标得以顺利实现的重要途径。

第六章 从弱校精准帮扶探小学校长的道德领导力

学校道德领导的实施，呼唤着小学校长的道德领导力，小学校长道德领导能力的强弱，又直接影响着学校道德领导的实施。小学校长道德领导力的提升过程是校长职业发展的过程，是提高学校办学效益和办学质量的过程。具备较高道德领导水平的小学校长有着较新的教育领导理念、较高的道德品质以及专业的领导素养，在处理学校各项事务时能够协调各方、果断决策，具有高度的责任感与事业心，能够引导学校教育教学工作的有序正常开展，保证学校教育目标顺利实现，促进学校道德领导的有效实施。

第二节 小学校长道德领导力存在的问题及原因

近年来，随着经济的快速发展和外部环境的不断改变，人们的生活节奏不断加快，功利化目的日趋明显。在此环境的影响下，校长的道德领导也受到了前所未有的冲击：在教育理念上，忽视了教育育人的最终目的，过度追求学生的升学率，致使领导过程中人文关怀逐渐弱化；科层官僚化现象严重，忽视了情感的沟通与激励；权责不明晰，校长身兼多职，权力过度集中，导致学校行政化现象严重；校长道德权威的不断瓦解，导致领导中道德失范行为的产生。

一、校长道德领导力存在的问题

（一）教育理念偏失，弱化领导过程中的人文关怀

当前校长领导充满了技术本位和工具理性，崇尚教育成果的效率优先，致使学校的所有成员沉浸于学校工厂中，安于现状，学生像是教育生产线上的产品，校长如同学校工厂的工程师设计生产程序，教师则是生产线上的熟练工人确保生产程序的标准化。学生像商品一样被成批地生产出来，大多数的校长将是否按照固定的程序化模式培养学生作为衡量教师好坏的唯一标准。在这种缺乏人文关怀的教育背景下，成绩和升学率自然而然地成为评判教师工作好坏的最终标准。

技术理性强调事实和客观依据，以实践的标准和专业规范作为行事的理由，

认为科学知识胜于一切实践，往往是通过调查研究来找出教学工作的最佳方法，并使之标准化。同时，要求教师们无条件服从被认定的真理，并严格执行既定步骤。"长期以来，我们对学校管理的理解大多停留在法国管理学家法约尔提出的观点上，认为管理就是规划、组织、指挥、协调和控制，管理的对象是一个静态的、可以控制的封闭系统，在系统内部，管理者依靠自己的职务、权力和责任对管理对象进行标准化、规范化和程序化的管理。"正因为受这种领导思想的影响，才导致当今教育理念的偏失，将教师的工作看成机械劳动，弱化了领导过程中的人文关怀。

学校是培养人的专门教育机构，其领导最为本质的特点是指向人的培养、成长与发展，所以人文关怀与教育活动本身具有天然而密不可分的关系。萨乔万尼（2003）指出，传统的领导理论过于偏重对组织效能的研究，重视心理多于精神，致使领导内涵日益空虚、徒具形式，许多校长与教师正因囿于过度狭隘的知识灌输、技巧训练，导致目标错置现象，即学校运作对于办学目标失去洞见，任由工具性的过程和程序变成目的本身。换言之，校长为了提高学校领导效率，只注重学生学业成绩的提高，致使教育理念偏失，失去教书育人的教育目标，使得人文关怀逐渐弱化。

在这种追求目的效率的趋势下，升学率成为校长追求的教育目标，成为衡量教师教学水平的标杆。学生沦为片面追求升学率的牺牲品，老师则成为培养牺牲品的工具。

受传统效率化思潮的影响，人们习惯性地把任何事物的结果进行量化，想要通过简单的数字来比较事物效能的高低。升学率确实是衡量学校办学质量和老师教学水平的标准，但是我们不能因为盲目地追求升学率而忽视了领导过程中的人文关怀。如校长的学校领导理念、教师个体价值观表达、学生道德情感的培养，以及学校所有组织成员的共同体意识等。

教师教育水平的高低不只局限升学率，有多少孩子考上名牌大学，更多地还应考虑到有多少孩子能成人。老师的天职是教书育人，其中最重要的是育人，其次才是教书，成才先成人，可见人们对教育成果的认可不能只限于为国家输送了多少技术人才，更多的是为社会造就了多少德智体全面发展的合格公民。所以校长应该注重对学生的德智体的全面培养，而不是对分数的刻意追求。倘若校长一味地盲目追求升学率，忽视对教师育人成果的考虑，则会使教师沦为提高学生学业成绩的教学工具。教师不是单纯的"经济人"，只注重追求效率，用升学率的量化结果区分教学结果的好坏。正确的道德领导应该充分发挥教师的能动作用，实现个人的教育理想，强调教学过程中的人文关怀，把教师的工作评判标准从单一的升学率向育人价值观转变。校长的价值观对学校的教学工作具有导向作用，为了打造重点示范学校，各校校长不惜一切代价地提高本校升学率，长此以往，就会使教学工作偏离学校教书育人的本质，使得校长教书育人责任逐渐缺失，领导过程中的人文关怀不断弱化。

（二）科层官僚化现象凸显，缺乏情感的默契与沟通

发展至今的科层制曾被西方学者誉为理性的结晶，最早来源于德国管理学家马克斯·韦伯的科层组织管理理论（1986），韦伯将科层管理理论定义为权责划分明确，专业活动熟练，根据严格的规章制度构建金字塔式服务等级的组织理论。科层制是一种标准而又严密的社会组织，它的形成是人类社会理性化的结果，随着时间的推移，科层制的弊端逐渐显现。严密的权威分层体系使得科层组织内部等级森严，极易导致官僚化，形成反民主的趋势。

科层权威源自于校长的职位权力和学校的规章制度，行使科层权威的典型方式是对教师的直接监督管理，由于忽视成员的能动性，使得学校领导者与教师、学生之间存在着天然的敌对情绪，缺乏情感的默契与沟通。当科层制应用于学校领导领域，便逐渐产生了副作用——校长"一言堂"。面对科层的权威时，教师通常有两种选择，要么遵守守则，要么违反原则承担不利的后果。从长远看，科层制是失败的，因为它只强调成员的无条件服从，由于校长的职位使领导者有能力奖赏服从的人，如果不服从，校长同样有能力惩罚你。这种简单的奖惩手段扼杀了校长与教师之间的情感交流，使得教师对校长科层领导的敌对情绪得不到疏通，最终导致校长道德领导低效。科层制对学校管理的有效性产生过一定的积极作用，但由于"权威支配"的过度僵化，在一定程度上影响了全校师生主动性的发挥。在这种科层制的影响下，组织成员的行为受到规章制度的约束，同时受到学校校长权力的控制，学校中存在着等级制，并且有着与不同角色相关联的正式与非正式的行为规范。

教师作为行为主体是需要情感交流的，校长不能单纯地把教师看作无主观知觉的领导对象，对其粗暴地进行官僚式领导。由于对科层化的过度追求，使校长在领导过程中忽视了对教师的情感激励，个体像是一个个无生命的提线木偶，学校成员的个体差异性和主观能动性被漠视，致使他们不但无法在学校的科层体制

中得到信念和情感的满足，而且还要勉强自己顺应该体制，否则就会因为特立独行而被边缘化。

（三）校长领导过度集权，学校行政化现象严重

伯恩斯认为，"如果存在一种充满传统组织理论色彩的简单假设的话，那就是，权力是管理控制的必不可少的核心工具"，校长比教师、学生以及其他教职员工一般拥有更多的权力，这种权力一部分来自学校的规章制度，而之所以获得这种权力更多的是因为校长的职位为他们提供了更多获得信息和接触人的机会。校长不受严格的课程表束缚，他们走动得多，他们的角色是经常接听电话，拜访重要的办公室，查阅相关的教育文件，以及办诸如此类的其他事情。使得校长便频繁地作为学校的挂名首脑角色起作用，并与外界的代理机构互相联系。与校内的其他人员相比，他们有更多的机会获得信息。这种便利条件使得校长决定哪些信息要与别人共同分享，哪些信息是要适当"扣压"的，以及哪些信息需要经常性遗忘。使他们正在做的事教师们及校外其他人员长依赖校长充当"协调机制"，也就是与别人正在做的事情得以沟通一致。再者，教学方面大量的工作是校长所积累的大量信息是权力的来源之一，领导过程的过度集权为校长的行政化创造了先天的条件。

小学校长全面负责本学校的教学，校长在学校领导活动中具有主动支配和重要影响的作用，校长行使着一切的领导职能。校长作为学校的主要领导者，往往身兼数职权力高度集中，对学校领导的各项决策拥有绝对的决定权，将校长领导活动中的追随者当作物化的个体，无视教职工的民主需要，将校长特有的权力凌驾于学校和组织成员之上，把本人的领导思想强行灌输给其他人员，只做对校长自身有利的事情，忽视对教师及学校发展利益的考虑。在集权化权力的影响下，教师和学生沦为校长决策的实施工具，其民主参与性消失殆尽，学校行政化现象严重，致使师生促进学校的共同发展也成为了一纸空谈。

（四）道德权威失落，催生领导中的道德失范行为

著名领导行为学家阿莱霍·何塞·西松将领导人的道德资本界定为"卓越的品格，或拥有及执行在特定的社会文化背景下被认为合适人类的各种美德"。《论语·子路》中有云："其身正，不令而行；其身不正，虽令不从。"当领导者自身品德端正，并做出表率时，即使不用下命令被领导者受到其道德的影响也会

跟着行动起来做合乎道德的事;相反,如果领导者自身品行不端,而要求被领导者端正,那么纵然三令五申,被领导者也不会心悦诚服。在不同的东西方文化背景下,人们都肯定了领导者道德素养在教育活动中的作用,并把今后道德领导的期望寄托在领导者自身的影响力上,位居上位的人德高望重,言高为师,身正为范,处于下位的追随者才能积极效仿,在潜移默化中接受领导者的道德熏陶。作为学校的领导者,校长的道德素养更是备受人们的关注。

在学校领导实践中,道德权威失落使得校长道德失范行为频发,并与教育规律背道而驰。孟子曰:"以德服人者,中心悦而诚服也。"意思是说为政者的良好的道德品质和情操所形成的人格影响力,能够使被管理者愉快地接受某种观点,并诚心诚意地信服。学校领导者高尚的道德品质比规章制度管理和言语说教具有更强的心灵渗透力,它对学校师生的影响也更加久远。在面对社会道德滑坡时,校长的道德权威也在不断失落,总会出现这样一种悖论:制度越是复杂、细密、行政自由裁量权就会显得越大,越来越不可控制。总是有种东西在和我们捉迷藏,而理性却总也捉不到它。这就说明,理性制度并非万无一失,在制度之外,一定有某种超越制度的东西在起作用,这种力量就是我们的道德与良知。

二、对现存问题的原因分析

组织行为学认为,应当在组织环境中去理解人的行为。当下,教育环境已发生迅速改变,同所有开放系统一样,学校组织是随着不稳定的状态而发生变化。"人们已经意识到:组织生活的复杂和不确定性使得任何关于领导的简单描述都变得问题重重,甚至是危机重重。"以此,对校长领导现存问题的分析将从个人、组织与广泛的社会情境的复杂互动中进行。

(一)社会因素:教育的功利化和工具化

教育是培养人的活动,教育的主体是人,教育的最终目的是实现人的发展以及人格的完善。因此,教育应该从根本上关注人,始终把人的生成和发展放在核心地位,其他一切外在的因素都不应成为教育的中心。然而,随着市场经济体制的改革与发展,教育的目的和功能趋于工具化及功利化。

马克思主义认为,市场经济是"以物的依赖性为基础的人的独立性"的存在方式,其显著特征在于功利主义的价值取向和工具主义的思维方式。目前,我国正处于社会转型期，市场经济成为社会发展的重心。在以市场为主要存在方式的社会中，一切都成为商品。社会的过度商品化，将所有物品贴上价格标签，并放入市场销售，教育也不例外。当教育成为商品时，人们对于所购买教育产品更多关注于教育的工具性，即教育对受教育者所带来的身份与社会角色的区别，以及这种区别背后的经济利益差异。

与此同时，经济运行的最根本因素——资本也在社会生活中发挥着越来越大的作用。资本的意志是"实现利益的最大化"，这种价值倾向反映到社会生活中势必成为"超越市场活动领域，无限制地扩张到社会生活的各个方面，成为认识、评价和指导社会生活的通用原则"。① 资本的意志把自私自利、个人中心推向了极致，"世界为我所用，教育只不过是实现个人利益最大化的手段，以及满足个人的目标和欲望的一条有效途径而已"。②

除此以外，20世纪60年代，以舒尔茨为代表的一些西方经济学家提出了"人力资本理论"。在人力资本理论中，教育不仅仅是一种消费活动，更是一种会带来丰厚利润的投资活动。对于社会而言，教育可以提高生产力，为其发展提供所需人才；对个人而言，教育决定薪资，一个人受教育水平越高，所获得的工资也越高。提倡人力资本理论的学者说服个人应把自己当作"人力"，通过教育这一途径追加自身所含的"人力资本"。教育原本所担负的解放人、完善人性的功能，逐渐萎缩，取而代之的是它的经济功能、工具功能的不断扩大。

市场经济的确立、资本功能的运行以及"人力资本理论"的盛行使得教育的功利化越来越明显。

教育的功利化和工具化反射到学校领域，对学校教育目的的设定造成了影响。就学校教育目的而言，既然受教育者接受教育的目的在于投资，希望通过教育能够追加自己在市场竞争中的"人力资本"，那么为了满足教育市场中的顾客——家长和学生对于高学历的需求，学校实施教育的目的定位于提高学生学业成绩，提高学校的"升学率"。升学率与学习成绩成为衡量学校教育质量的唯一标准。

当学校教育与学校的名誉地位、生源开发、经济创收等连在一起，甚至与有关人的政绩、升迁连在一起时，学校教育的本质属性产生异化。学校是以育人为

---

① 窦炎国. 情欲与德性——功利主义道德哲学评论 [M]. 北京：高等教育出版社，1997.
② 张兴峰. 教育功利化现象审视：工具理性的视角 [J]. 教育发展研究，2008 (21).

核心的教育组织，尤其是承担基础教育的小学，更应以"教师人格"的力量去塑造新生代的人格发展，以"学校文化"的底蕴去奠定新生代的学力发展的基础。在小学，即使是借鉴市场规律也不能以此置换教育本性，教育和经济毕竟是两个本质有所不同的领域，对于人的精神的培养永远都是学校教育的最重要的功能。

（二）组织因素：科层制的学校

著名社会学家韦伯在其所著《社会组织与经济组织理论》一书中把科层制称为"一种基于法理的、以实现高效率和合理化为目标的、理想化的组织管理模式"。科层制的组织结构强调层级结构、专业分工、规章制度、非个人倾向化、职业定向。

伴随着效率观以及相应的作为实现效率的手段的一系列管理制度与方法的确立，组织管理由混乱到有序，从经验到科学。科层制最高的目标在于提高效率，这点本无可厚非。但必须考虑到学校组织的特殊性。从社会学来看，学校是一个有目的、有组织的社会群体，称为社会组织，这从一般意义上揭示了学校的性质，而教育社会学的研究又对学校从特殊性上予以把握，即学校是受社会委托、按照一定目的和计划进行教育活动的组织。由此表明了学校组织不同于其他工商组织，它是专门进行教育活动的组织，是以育人为核心工作，学校的本质属性是教育性，学校应该发展人，它所造就的是鲜明的、独特的人，不是工厂里统一规格的产品。当学校组织过分科层化时，效率至上就成为学校管理的主目标。对于校长以及其他上层学校行政管理人员而言，他们依然醉心于19世纪的科学管理模式，醉心于运用行政权力和技术理性管理学校。他们很少考虑到基于组织中的"人"，在他们眼中，人与人并无多大的差别，人人皆是标准件，组织成员只需要按学校的规章制度行事，不允许有丝毫的质疑。这种坚持等级式的权力控制以及对学校低层工作人员（教师）的严格监督会造成上下级关系紧张、冷漠。

科层制学校强调规章制度。学校内的规章制度明确规定了学校组织内所有职位的业务范围、工作流程和其行为标准、学校内各科室的职责以及科室与科室之间的关系。可以说，规章制度的确立使学校内的各项工作有法可依，有章可循，对于建立协调、稳定的学校工作秩序和提高学校工作效率极其有利。但是，仔细阅读学校的制度文本，就会发现这些文本过分强调制度的规约性和刚性，把各种要求强加给教师和学生，而对教师和学生的权益的激励和保障却很少提及。当制度不再是实现学校变革秩序化进而促进学生全面发展的策略,相反成为严密的管理程序、量化的评价方案甚至是毫无人情味的处罚措施时,就会忽视对组织成员的人文关怀,甚至将在强硬的制度约束下消失殆尽。

规章制度强调分工明确,但通常只规定最低的工作行为标准。教职员工长时间处于制度的强制下,可能会导致"目标置换"。也就是说,把规定中的最低行为标准作为自己工作的最终目标,在工作中行为僵化、消极怠工。尤其对于教师而言,在制度盛行、行政命令大于教师专业知识的背景下,教师教学完全按照学校规章制度进行,正如韦伯所形容的那样"一个职员无非是一台运转着的机器上的一个齿牙,整个机器的运转给他规定了基本固定的运行路线"。① 固定的工作模式容易使教师产生职业倦怠,工作的积极性和创造性受到压抑,他们在教学研究上所花费的时间越来越少,对学生需求的关注越来越少,教师成为服从于学校规章制度的奴隶,这不仅不利于教师自身职业的发展,强制性、缺失人文关怀的校园文化也不利于学生个性的发展。

"学校是个培养人的场所,无论是教师的教还是学生的学,都需要发挥积极性、主动性和创造性,威严的权威、严格的纪律与教育活动中的专业性、创造性之间显然存在着许多矛盾。"② 科学管理时代把学校视为"机器",学校管理采取严密的科层制,虽然管理效率有所提高,但是控制过度,窒息了学校内成员的创造性,学校领导习惯于使用规章制度等刚性方式命令和控制教师、学生,表面看学校组织秩序良好、运行平稳,但在这种静止的环境中却存在着衰败的趋势。

(三) 个人因素:领导者身份意识淡薄

身份是指"个体社会成员在社会生活中的标识、位置及其社会属性"。③ 人的身份特征之一,在于人的身份的多样性。就我国小学校长而言,校长应担负起教育者、管理者和领导者这三种身份。

学校承担的育人使命决定其首先是一名教育者。教育者身份要求校长熟悉学校的教学与课程,要能指导教师进行教学改革、课程开发和管理、为教师提供建

---

① 丹尼斯·P. 多伊儿,坦利·W. 哈特. 教育领导:州长、立法者和教师 [J]. 教育者,1985 (67).
② 范国睿. 学校管理理论与实务 [M]. 上海:华东师范大学出版社,2003.
③ 郭玉锦. 中国身份制及其潜功能研究——一个国企的实证分析 [M]. 哈尔滨:黑龙江人民出版社,2002.

第六章 从弱校精准帮扶探小学校长的道德领导力

议并开展督导评价等工作。校长应该是一名学校组织管理者。1986年《关于教育体制改革的决定》以及1993年《中国教育改革和发展纲要》明确规定了我国小学校的领导体制实施校长负责制。学校工作由校长全权负责,校长不仅要负责处理学校的日常教学科研活动,还要完善学校的管理,除全权代表学校外,赋予校长学校的决策权、指挥权、人事权和财务权。此外,随着知识社会的到来,基础教育承担的责任越来越重,在此背景下,校长必须具备能够"指引组织应当走向何方的战略远见,具有使下属积极追求战略目标的非强制性的能力"。① 这就要求校长应是一名卓越的领导者。

我国小学校长主要是从一线教学人员中选拔出来,以湖南省校长选拔为例,明确规定竞聘校长者必须具有5年以上的教学经验。从一线教学人员转化为学校领导只是角色的变化,但是,作为一名领导者所应具备的专业素质并不因角色的变化而自动产生。那些从教学一线逐步晋升至校长职位的人,只是具备个体性的领导经验而并非具有充分的领导专业知识与技能,这些经验也许可以帮助他们颇有成效地管理学校,但在领导学校方面则显得力不从心。

许多校长熟悉学校教学者和管理者身份,对于其领导者身份则意识淡薄,有些校长概念不清,将领导者身份等同于管理者身份。社会学认为,社会活动中,人们行为的准则和规范在通常情况下是由每一个人的身份意识来决定的。该身份意识存在于个体对其身份的认知、情感和行为意向中,并相应地在心理上形成了身份价值观念、身份情结。② 可以说,校长对每一种身份意识的强弱都制约着他在符合这一身份概念范畴之内道德行为准则和规范的实践程度。强教学者和管理者身份,弱领导者身份,使校长在学校领导中以规范性、高效性为其行为准则,关注的焦点仅限于如何确保学校的教学活动有序进行以及如何确保学校组织的运行流畅。

领导者身份的淡薄,使校长局限于管理者身份所带来的身份情结,即看重上下级身份秩序以及自身的身份权威。校长对学校上级的意见和要求"唯命是从",在学校则独断专行。北京教育学院对北京市小学校长队伍现状调查后,指出多数教师认为校长的类型为"权力型""经营型"。在所列举的"人格魅力型""业务能力型""权力型""民主型"选项中靠校内规章制度,采用强制性管理方

---

① Thomas J. Sergiovanni. The Principles of Quality Leadership [J]. Educational Leadership, 1982 (39): 330.
② 刘超良,李文斌. 走出传统身份意识对现代德育所架设的樊篱 [J]. 教育导论, 2006 (9).

法,"权力型"最多。往往以教育的名义对教职员工学生进行种种驯化,而不是以道德观念及自身的情感和人格去影响教师和学生。这就将校长领导变成学校中存在的一种压制性力量,通过支配性和处置性的技术使教师与学生被塑造成某种既定模式的工具,这不仅阻碍了教师的专业成长也阻碍了学生的全面成长。

叶澜(2001)曾对"教育"做出如下解释:教,是教天地人事;育,就是育出人的生命自觉。教育的过程中应该是以人的成长和发展为本。在小学校长领导学校过程中,必须保证育人是学校的核心任务,保证教育性是学校的本质属性,这些是校长领导的出发点和旨归。21世纪,知识的不断更新,建立终身学习型社会势在必行。面对终身教育体系,终身学习的意识和习惯都要从基础教育开始培养,小学所提供的教育就是要养成终身学习能力的教育。学校要发展人,而不是要"管住"人。对此,校长既有教育责任,也要承担起社会责任。为了学生的全面发展,他有义务提供更有效的校园学习,提供对学生成长所需的全面、完整的生命关怀,提供积极的、重视文明与道德的、注重培养学生品德、素质与正义的学校环境。

第三节 提升小学校长道德领导力的策略

随着21世纪的到来,我国社会经济事业不断发展,教育领域也面临着诸多挑战。国际化高素质人才稀缺现状对学校教育提出了新的变革要求。在教育变革的大背景下,教育被赋予更多的职能,寄予更多的希望。作为小学校领导者的校长也承受着更多压力,面临着诸多挑战。小学校长作为学校的管理者,既要执行上级教育政策和教育行政命令,同时又担负着经营学校和发展学校的重要责任。在处理学校日常教育事务,领导学校的发展变革的过程中,必须要以专业化的发展的需求出发,不断提升自己的道德领导力,承担多元的校长角色,关注学校不同的人或群体的需求,应对学校变革的需求。小学教育要实现成功不仅需要制度上的支持,更需要校长自身必须具备卓越的道德领导力,唯有如此,校长所领导的学校才能够稳步发展,并在新时代的挑战中具备足够的竞争力。校长道德领导力提升的过程是校长职业发展的过程,它不仅只关乎校长个人的事,它也是提高学校办学效益和办学质量的过程，同时是我国教育事业蓬勃向前发展的过程。因此，提升小学校长道德领导力不只是校长个体的需求，也是促进我国社会经济发展，提升我国整体教育水平和办学效益的要求。如何提升小学校长的道德领导力？可以从个人层面和组织层面两个方面着手。

一、个人层面

校长是道德领导角色的扮演者，必须要注重其个体道德修养。校长自身良好的道德品质是小学校长道德领导力提升的必要基础，卓越的道德领导力不仅要求校长具有良好的领悟力、决断力和执行力，更需要校长自身具有正直诚实的品格与较高的道德境界。锻铸灵魂，坚守核心价值理念校长是带领全校师生员工开展日常教学工作的教育者，是决定学校的整体发展走向的关键人物，在引领学校发展中担任着重要角色。优秀校长卓越领导力的生成不仅依靠个人先天能力与自身历练，更需要自身有意识的培养与塑造。在这个充满机遇与挑战的变革时代，校长担任着多重角色，既是教育家又是企业家，良好的道德品质是其立身的灵魂基础，是开展教育教学工作必不可少的条件。因此，小学校长自我品德修养与教育素质的提升势在必行。校长应该用灵魂的力量铸造自己，努力做到廉于利、勤于政。在学校教育管理工作中不断建构自我、提升自我，以传统的道德准则与大家公认的价值体系为参照，不断校正自己的行为，依靠自己的道德水平与道德人格建构领导权威，并以身作则，树立楷模，在全体学校成员中起到带动作用，并产生潜移默化的影响，以推动领导工作的有序开展。除此以外，校长必须具有良好的品行以及较高的道德素养，对自身与学校的发展都能有一个理性的长远规划，且能够在工作生活中严于律己，宽以待人，始终保持高尚的定位力。

（一）转变领导方式，注重人性关怀

在教育变革的大背景下，校长作为学校教育的领导者，其思想观念、价值取向及领导方式都直接制约着学校组织的发展，因此转变校长领导方式势在必行。领导方式的转变主要是校长自身思维方式、领导方法及领导手段的转变。校长应突破传统思维方式，全面地、辩证地看问题，真正做到"以人为本"。充分尊重教师的专业，重视与学校成员的沟通。在处理学校事务上应尊重教师的意见，并协助教师解决教学的问题。改变过去传统领导方式，真诚地关怀教师的个人需要与福祉,并予以必要的尊重、鼓励与支持;主动聆听教师的心声,重视教师的各种需求,教师有困难时,应提供个别的协助。应以人性本善为基本理念,建立协助、沟通机制,支持学校广大教职员工。学校教职员工在人性化的关怀下,将会互相尊重、彼此关怀,且乐于付出,学校教育目标就容易达成,学校道德领导也就易于实现。

(二)具有批判精神,不断反思、提升自身德行素养

如前所述,萨乔万尼本人就是擅以批判范型研究教育管理,他的著作多在批判现实问题的基础上再论述他的教育观。萨乔万尼认为,要学校走向道德领导,领导者很重要的一点是要具有反思批判精神,对不合理处敢于做理性的检讨与改善。具体来说,学校领导应接受新的知识、理念,每天或定时强迫自己反省,虚心接受意见,一方面能激发广大教职员工的批判精神,另一方面培养的学生也相应具有批判精神的勇气和强烈的上进心。领导者具有的反思批判精神中,很重要的是具备道德批判思维能力,能做好道德选择。在后工业化社会的多元文化情境中,往往会面临道德两难或道德冲突的情境,即同时面对两个或两个以上的道德原则,且只能选择其中一个时,不知如何加以选择。这时就凸显了领导者的道德素养及道德批判思维能力。换言之,实施道德领导的学校,如果学校领导及成员欠缺这方面的能力和素养,就很难期望学校有良好的发展与愿景。在一个充满活力并趋向于多元化发展的社会中,学校道德领导的实行,必须要基于正义原则,并依据认知主体主观的建构知识。这就要求全体学校成员具备道德思考和推理的能力,并树立道德的基本规则。①

(三)发挥领导替身的功能,努力提高自身的影响力、感召力

"替身"是萨乔万尼提出的概念,意指组织中某些事物的存在,可以减少直接领导的必需性。萨乔万尼认为共同体规范、专业理想、充溢的工作状态和团队精神是领导替身的四种实例。领导替身可以有效减少校长对教师提供外在诱因及内在心理激励的必要性,保持教师努力工作的状态,从而达到不治而治的道德领导效能。萨乔万尼指出,要发挥领导替身的作用,领导者必须建立学校成员所认

---

① 黄文三. 建构主义的教育思想及其在二十一世纪道德领导上的启示[EB/OL]. http://www.51xueshu.nededu/1411.html,2008-08-05.

同的专业规范,提高自身的影响力、感召力,从而减少直接领导,提升教师对专业理想的承诺,调动教师动作的积极性,在组织中建立和谐的人际关系,增加组织成员之间的沟通与交流,营造良好的工作氛围,健全规章制度,运用良好的激励措施。① 领导者要发挥领导替身的功能,既要提升自己的影响力,更要有意识地培养成员的追随者精神,使他们从下属转变为信奉者。萨乔万尼认为信奉者与下属大不一样,信奉者所信奉的是:"对他们所依附、所坚信的目的、事业、有关学校是什么并能够变成什么样的愿景、有关教与学的信仰、价值观和标准。"②而后者是传统科层制下交易型领导的对象。信奉者工作良好,无须严密监督,他们会自己作出必要的决策,内在激励自己需要做什么、何时做以及如何做。萨乔万尼进一步指出,"最终,根据学校中涌现的追随的质量,就可以知晓他的成功,追随的质量是一种气压表,能表明道德权威替代官僚体制权威的程度。"

二、组织层面

依赖于道德权威和专业权威的道德领导形成了组织的共同理念,共同体内的每一个成员在分享这些理念和承诺时,都有必要自觉自愿地为实现学校目标付出努力,这是他们作为组织成员义不容辞的责任。实现小学校长道德领导力的有效提升任重道远,从组织层面上说,我们认为必须要从以下几方面着手:

(一) 构建道德共同体,营造道德气候③

将学校建构成为道德共同体是道德领导的核心使命。依据萨乔万尼的建议,领导要转变成为道德领导,必须达到以下四个目标:首先,要具有伦理批判的精神。其次,要落实公平、正义的道德基础。再次,要凸显道德关怀的人文价值。一切道德规范都出自人性的需要和追求,要重视组织成员的主体性,用理解的眼光关注组织成员的行为表现,尊重、关心他们的内心体验与自我意识,倡导宽容、创新,充分凸显道德关怀,实现道德人文关怀价值。最后,重视道德权威,构建道德共同体。"校长应该以道德权威为基础,扩展现有的管理工作维度,勾画学校发展的共同愿景,确立学校核心价值观,构建学校道德共同体,维持学校

---

① 萨乔万尼. 道德领导 [M]. 冯大鸣译. 上海: 上海教育出版社, 2002.
② Kelly R. E. In Praise of Followers [J]. Harvard Business Review, 1988 (6): 88.
③ 萨乔万尼. 校长学——一种反思性实践 [M]. 张虹译. 上海: 上海教育出版社, 2004.

的道德气候。道德的学校气候意味着全体学校成员统一成为一个道德共同体。"①学校道德气候的构建需要考虑三个方面:首先是校长自身的道德水平与领导方式;其次是学校共同价值观念的构建;最后是全体组织成员基于责任和义务在团队精神下相互协作,开展积极的道德文化互动,规范自身行为。

(二)培养学校成员的团队精神

一所学校的长远发展离不开一支结构合理并能协同合作的教师团队,这就要求学校成员具有良好的团队精神。良好的团队精神能够改善教师实践,促进学校成员有效开展教育教学工作,有利于学校的稳步发展。学校应该从细处着手,培养学校成员之间的团队精神:第一,要充分发挥每一个成员的特长,加强成员间的沟通,促进教师间的互动与合作,并通过定期组织开展丰富多彩的集体活动,融洽成员之间的关系,激发成员之间的团队意识,从而培养成员对团队的归属感。第二,转变领导方式。平时多注意倾听下属的想法和建议,让教师参与处理解决日常工作问题,增强学校领导者和组织成员之间的相互了解和信任,为集体解决问题及学习提供良机。通过这种把各种问题都放到全校的范围来考虑解决的形式,强化学校成员间的集体意识。第三,建构、保持和谐的人际关系。真正的团队精神必须要以共同体中成员身份的确认、对共同事业的承诺以及对专业价值观的共享为基础。领导者与教师间以及学校组织成员彼此之间应该相互尊重,相互信任,建立一种真诚、友善、合作的人际关系,在学校中创建和谐发展的校园人文环境,促进学校成员间分工合作,团结奋进,为学校领导者道德领导力的提升提供一个可能的大环境,带领全体组织成员共同为组织目标的实现努力奋斗。

(三)规范学校制度,促进校园文化建设

学校文化是学校在长期的办学实践中形成的能够反映其优势、传统与鲜明特色,并为全体师生员工所认同的信念、理想和追求,是维系学校运转的内在力量。它奠定了学校改革和发展的思想、理论基础,更增强了学校的向心力和凝聚力,是学校综合实力的重要体现。良好的学校文化不仅能够使学校获得可持续发展的不竭动力,更能使学校生活充满意义。②优秀的校园文化有利于学生德智体

---

① 李芳芳. 学校道德领导的理念与生成策略 [J]. 中国科技信息, 2009 (21).
② 方铭琳等. 学校文化建设——校长与管理文化 [M]. 北京:文化艺术出版社, 2006.

美劳等综合素质的发展，在学生创新能力培养的过程中起着潜移默化的作用，有利于学校和谐的育人环境的形成。学校制度文化告诫人们该做什么，不该做什么，可以规范学校成员的行为，是校园文化建设的必不可少的一部分。学校制度文化不同于物质文化与精神文化，它更好地反映了学校自身的管理观念与发展目标，主要是学校在日常管理规范或要求中长期逐步形成的管理机构和规章制度、条例、措施、规定、行为规范等。具体来说有以下两方面：

（1）机构设置要讲究实效性，原则上要因事设人，符合学校日常活动开展的需要。

（2）规章制度要富有人文情怀，要把学校核心理念细化成切实可行的规章制度和行为规范。

总的来说，切实保障学校制度文化建设是学校道德领导最终实现的最关键因素之一，它关注学校全体成员的个体需求，促进成员之间互相尊重与参与、努力学习与创新、树立牢固的诚信价值与发展观，构建激励、服务、保障等学校制度文化，保障校长道德领导力提升，最终促进学校道德领导的实现。

（四）争取社区和家长的支持，形成教育合力

学校作为整个社会系统的一部分，肩负着传递科学文化知识与促进学生身心和谐发展的任务，学校道德领导要取得最佳的效果，尤其需要一种理念或心灵上的东西来促进孩子的发展。因此，有必要密切社区与家长之间的联系，形成一种正向的教育合力，以促进学校工作的有效开展。争取社区与家长的支持，首先，要通过与周围社区、组织、社区单位、家长建立起和谐的伙伴合作关系，构建与学校变革相适应的外部环境，为教育的变革发展提供支撑。其次，要加强宣传教育，让大多数人都能够意识到学校工作的重要性，积极配合学校工作，获得社区和家长支持。学校领导者实施道德领导，让这种影响散播到四周，以形成一个目标一致、互动、不断协调整合的综合网络，通过家长协商小组、联系手册和社区活动等多种方式加强与家长社区的沟通联系，获得家长社区支持，努力营造一个有志于服务学校发展、积极配合与学校变革相适应的环境，促使校长道德领导力的有效提升。

第七章 小学校长专业化与校长培训

第一节 小学校长专业化概述

一、校长专业化内涵

（一）专业化的概念

专业化是一个社会学概念，其含义是指一个普通的职业群体在一定时期内，逐渐符合专业标准、成为专门职业并获得相应的专业地位的过程。

从一般性职业到专业性职业需要经过一个长期的、系统的发展过程，职业的专业发展是任何一项职业都要面临的最终选择。不同职业的专业发展水平是有差异的。根据专业发展程度的不同，社会职业一般可分为三类：第一，专业性职业，如医生、律师、会计师等；第二，半（准）专业性职业，如护士、图书管理员等；第三，非专业性职业，如售货员、操作机器的工人等。

（二）校长专业化含义

校长专业化是专业化研究的一个特定的领域，就其概念而言，可有静态和动态两个不同方面的理解。从静态角度来看，校长专业化是指校长在学校管理活动中形成校长的特定职业那一刻，换句话来说，就是校长职业真正成为一个专业，校长成为专业人员得到社会承认这一发展结果。

因此，我们可以说，校长专业化不仅是世界许多国家小学校长队伍建设的重要发展趋势，也是我国教育改革发展、学校管理创新对校长队伍建设的时代要求，还是中小学校适应当前的教育变革，推进学校持续创新发展的关键性因素。研究校长专业化就是试图通过积极有效的行动策略，以实现校长的专业性结构不断改善，专业能力和专业化水平不断提升的生命成长与发展的过程。

（三）校长专业化标准

1. 具有现代教育理念和管理理念

现代校长必须确立面向全体学生的教育发展观、提高整体素质的综合发展观、发挥主体积极性的主体发展观及开发学生创造潜能的生命教育观，并把这些教育理念转化为科学的教育行为和管理行为。

2. 构建以教育管理知识为核心的复合型知识结构

校长专业化的知识结构是一种通识型、通才型、一专多能的知识结构。校长的知识结构由现代科学与人文基础知识、教育管理的专业基础知识、现代信息知识等组成。

3. 具有学校管理的专业能力

校长在作为管理者时，应该努力发挥出自己的管理能力，既要学会理解和沟通他人、学会处理好学校中的各种力量，还应该调动起教师工作的积极性，要突出主观能动性，全面建设一个良好的学校氛围。总的来说，作为小学校长就应该具有理解他人、处理关系与人合作等能力，只有自身能力强，才能让学校更好地发展下去。

4. 具有学校管理的智慧与艺术

管理智慧与艺术是各种专业知识在校长的综合反映，也是校长应该达到的目标，可以说是校长管理学校的最高境界，是每位校长都应该追求的。一般来说，管理的智慧与艺术主要体现在以下几个方面：

（1）应该实时地发现和分析在管理过程中所存在的问题。

（2）应该根据问题的根源找到一个针对性的措施。

（3）应该善于把握教育时机和管理时机。

（4）应该不断地学习与发展，增强自身魅力，用自身魅力去感染教师和学生，这有助于学校管理工作。

5. 具有较强的自我更新知识的能力

校长是学校的重要人力资源，也是教师和学生发展的领路人。这就要求，校长应该积极地参加一切的培训活动，要学会在培训工作中吸收更多、更加先进的教育理念，以丰富自己的视野。另外，还应该学会将学习到的理念转变成实际的能力，以更好地管理学校，更好地激发教师工作的积极性，要努力办出富有特色的学校。

二、校长专业化的知识结构

校长专业化对于校长的发展有着非常重要的作用，在整个职业层面已经逐渐达到了专业的标准的过程，是校长个体内在专业结构不断更新、演进和丰富的过程，主要有：专业精神、专业知识、自我专业意识以及专业能力等。

基于改进学生的学习、促进学生成长的目标，校长的专业发展就必须是专业知识、专业技能和专业态度不断更新和完善的过程。不论是从职业群体角度还是从个体角度，在校长专业化的过程中，校长的知识结构是必要的环节，拥有完善的知识结构是校长专业化过程的重要基础，没有牢固的知识基础，校长专业化难以实现。

与此同时，应该清晰校长的角色和职责，才能更好地建构校长的知识体系。斯佩克将校长的职业角色归为三种：教育者、领导者和管理者。同时指出了与每一种职业角色相对应的主要任务和职责：

校长作为教育者的职责主要包括以下几点：

（1）要不断地学习与更新自己的知识结构，要让自己的知识结构更加丰富，为开展教育实践活动奠定坚实的基础。

（2）要根据学校的发展情况制定一个合适有效、科学合理的教学目标。

（3）要仔细审查研究计划和示范性的教育活动方案。

（4）要制定针对性的教学计划，要定期地开展教育评价。

（5）要通过利用多种渠道比如：新媒体等，为学生创建一个更好的校园文化。

（6）要组织实施相关活动，以不断地改进对学生的服务质量，以激发学生对学习的兴趣。

（7）要定期地总结学生的发展情况。

校长作为领导者的主要职责主要包括以下几点：

（1）仔细分析当前学校的发展情况。

（2）预设一个学校发展的远景目标。

（3）要尽量地调动起教师与学生的积极性，强化他们的主观能动性，让他们都能参与到预设目标的实现、完成工作中来。

（4）要通过小事、大事，为全校师生做好榜样，起到示范作用。

（5）要根据实际的发展情况，授权给教师，要做到放权，才能让教师有机会进行改革和发展。

（6）要学会检测和评价学生的发展。

（7）要肯定教师所取得的成果，应多采用激励的方式。

（8）运用人际沟通技巧改进个人间和团队之间的人际关系，共同营造一个良好的教学气氛。

校长作为管理者主要职责包括以下几点：

（1）要学会筹备和计划一些事情。

（2）要学会组织一些大型的活动，为调动起全校师生的积极性，进而构建一个积极向上的校园文化。

（3）要学会判断本校的管理效率，对管理不足的地方，要及时地改进并完善。

（一）显性知识

从实质上来看，显性知识就是人们可以看得见、摸得着的，是可以借以文字、符号等形式反映出来的。那么，显性知识到底是由哪些知识结构组成的呢？如图 7-1 所示。

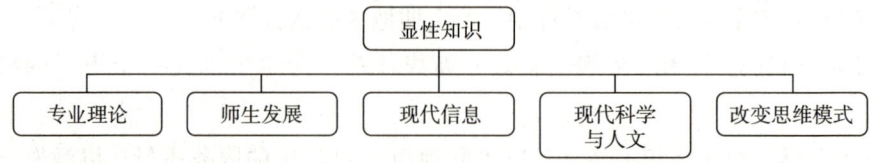

图 7-1 显性知识的组成

1. 必须掌握的专业理论知识

校长的身份是多变的,既可以是一个领导者,也可以是一个教育者,更可以是一个管理者,这就需要校长具有较强的理论知识,以更好地进行教育工作、管理工作、领导工作。

(1)教育方面。校长作为学校的领路人、指南针,是学校最重要的组成部分,理应对自己的要求高于教师。所以,应该掌握更多有关于教育理论的知识,比如:教育统计与测量、青少年心理特点与教育、管理心理学、现代教育理论、现代教育技术、心理健康教育等。

(2)管理知识方面。组织理论和组织模型以及组织发展的原理、系统理论、教师管理、学生管理、管理心理学等。

(3)相关法律法规知识方面。《未成年保护法》《劳动法》《义务教育法》《合同法》等。

2. 现代科学与人文基础知识

人文知识的最终目的在于人的精神修养,提升人的境界,它能够引导人们思考、追问人生的价值与意义。丰富的人文知识使校长具有丰富和持久的精神境界,它能够启迪思维,培养人格与情感,孕育创新能力。因此,在领导学校发展,促进学生进步的过程中,当校长的这样一种人文精神外化为其具体的行动时,就能够产生一种影响力,促进教育的健康发展。

(二)隐性知识

不能清晰地反思和陈述的知识我们称为"隐性知识",是与显性知识相对而言的知识形式。它不能通过语言、文字或符号进行逻辑说明,不能以正规形式加以传递,是通过身体的感观或理性的直觉而获得的不能加以批评性的反思、难以传递的、不具备公共性的知识。

隐性知识除了具有非逻辑性、非公共性、非批评性主要特征外，还具有情景性、个人性、文化性与层次性等特征。隐性知识的获得总是与一定特定的问题或任务的"情景"联系在一起，是对这种特定问题或任务情景的一种直觉综合或把握。

与显性知识相比，隐性知识还具有优先性，表现在：第一，作为个体的人，婴儿在学会语言，并能够用语言来表述其思想、获得知识以前就已经能够非语言地（默然地）表达其思想和非语言地（默然地）接受知识。第二，在人类学会语言后，明确知识、明言知识的真正实现，取决于我们对这类知识的理解。波兰尼指出，对于我们所拥有的明确知识，"我们总是默会地知道：我们认为我们的明确知识是真的"。第三，在解决科学问题的时候，隐性知识常常起着决定性地作用。①

人们在工作中摸索出的从未被分享的知识，如个体独特的认识、技能、行为模式；潜意识中对各种事务的理解和应对政策等这些都是隐性知识。

隐性知识可分为两个层面：一是技术层面的隐性知识，指那些非正式的，难以表达的技能、技巧和诀窍，它与个人的经验、行为和工作内容紧密相关，是个人长期积累和创造的结果；二是认识层面的隐性知识，包括个人的直觉灵感、洞察力、信念、价值观和思维（心智）模式等，它存在于所有者的潜在素质中，与个体的性格、个人经历、修养等因素有关，反映人们对现实的看法及对未来的展望，是世界观的知识。如图7-2所示。

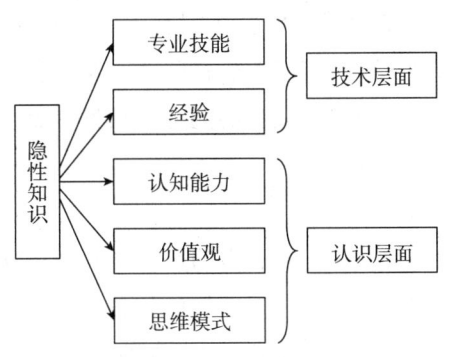

图7-2 隐性知识的组成

---

① 郁振华.波兰尼的默会认识论［J］.自然辩证法研究，2001（8）.

然而每一个校长都是独特的个体，在其职业的成长过程中形成了每个校长所独有的能力特征、个人行事及思维的模式、认知风格等，这其中蕴含了大量的丰富的隐性知识，只有充分探索和学习处于隐性状态的校长专业知识，促进其隐性知识的显性化，才能实现校长终身的专业成长。作为一种重要的知识形式，将隐性知识显性化使其成为共享的显性知识，成为建构校长专业化的重要环节，这是一个较难实施的过程。

三、小学校长专业化的实施

众所周知，每个学校都想有自己一定的风格特色，但对于中小学校而言，学校的特色、校长的风格与现代学校制度下的学校管理，都具有相当大的挑战。如何在完成基本教学目标的前提下，增强学校的创新能力？在经济全球化浪潮以巨大的能量冲击着整个世界，冲击着我国教育发展的今天，教育问题已经迫切的与经济、政治、文化相结合，也促使我国的教育必须迅速地与国际化接轨。我国教育在改革发展中存在的问题也随着教育全球化的开展而日益地明显起来。

在我国现代学校的建设中，校长如何才能把个性与标准完美地结合在一起，怎样才能够拥有全球化的教育思路，怎样才能合理有效地整合学校教育的实践与理论的各种资源，共享全球的教育管理经验，从而推动小学校长的领导、管理、创新的学校能力，从稚嫩走向成熟。这就要求校长必须有明确的学校观、学习观、教师观，校长要拥有充足的管理知识和管理经验、教学和课程所涉及的有关知识、学习者所要学习的知识等。校长在拥有历经自身体验的"实践智慧"的同时，应具备与校长管理实践直接相关的特殊能力及有利于深化校长对管理实践认识的研究能力、自我反思及自我完善的能力；具备专业态度和专业动机。

（一）小学校长专业化实施的目标

一所有创意特色的学校，定有强有力的校长，同时学校的管理人员以及全体教职员工也要具备较强的工作能力和工作热情，有充沛的经历和工作经验去完成其自身的工作任务，以达到学校的计划目标。同时，作为一所学校的校长，必须要有原创力，找到促进学校发展的关键所在的同时，还要确保全体师生员工愿意并主动地去接受创新型现代学校的目标。校长所作出的决策能够充分调动全体师生员工的积极性，并主动积极地参与到学校的发展中来，从而可以达到形成学校共有的风格和特色的目标。

1. 实现以学习为中心的教育

以学习为中心的教育把重点放在学习和学生的真正需求上。学校的课程须建立在学习的有效性之上，而教学的有效性则必须强调促进学习和成就。知识社会要求校长必须走专业化的发展道路，以此满足和达到国际教育所需要的标准，能够与市场的迅速变化相适应。所以，在一所学校中，校长必须是教师和学生问题的解决者。因此，各类学校必须更多地强调学生的主动学习和解决问题的能力的培养，而学校的主要目的是开发所有学生的全部潜能，并向他们提供及时、充足的获取成功的各种机会。

校长在管理学校的过程中，学校工作要以教学为中心，教学工作应以课堂为中心。同时，校长还应以教师和学生为主体，充分发挥教师主体作用的同时积极调动起教师参与的积极性。同样的道理，教师在实施课堂教学的过程中，也应以学生为主体。教师要具有先进的教育观念，科学的教学方法，以灵活多变的形式，生动地把所掌握的知识全部交给学生。教师还应在指导学生、引导学生运用正确、科学的学习方法上面做文章，要为学生创设良好的课堂氛围，为学生的高效学习创造条件。在校园教学环境的创设方面，校长应力求有所突破。不单以教学气氛为突破口来营造一个快乐、和谐、浓厚的教学氛围，还应对如何提高贫困生的成绩方面有一些突破性的进展。这首先要在教学上确立不放弃任何一名学生的观念，确立平等的教育观，并且尊重学生的个体差异，能够做到在因材施教的基础上培养不同类型的人才。另外，在教学方法上，要重基础训练、低起点，并且循序渐进。

此外，要想实现以学习为中心的教育这一目标，还要做好以下几项工作：第一，抓好师资培训的工作，特别是对青年教师的培养工作应加以重视，应不断地改进和完善青年教师的培养工程；第二，搞好教研组的建设，并积极地寻找教研组与年级组的结合点；第三，要继续抓好学校的教育科研工作，做好在课堂教学中，学生可以主动学习的动因研究，多媒体教学在课堂教学中的应用研究、课堂心理学研究，以及德育科研工作等都有开拓和发展的空间，同时不断提高课题论文的档次；第四，努力抓好选修课程的建设工作，以备教师可以提供给学生更多的教材，使学生获取的信息不再简单化、单一化，而是多样化的学习方式和信息交流方式。

2. 建立学校与社会联合体

学校的根本任务是培养德智体等方面全面发展的、适应社会主义现代化建设需要的各级各类的人才。要加强并建立学校与社会的联系，在科学地总结我国教育与生产劳动相结合的历史经验的基础上，吸收国外的一些好的做法，并逐步建立、完善一套适合我国国情，学校面向社会、社会广泛参与的人才培养机制的同时，加强我国各级政府和社会对中小学办学水平、教学质量的检查并进行监督。开展教育教学检查是国家对教育教学工作的好坏进行宏观管理的重要手段。另外，需要我国政府、社会、学校采用三级联合的方式，积极地组织并开展研究工作，制定一套切实可行的实施办法，从而推动各级教育部门以及社会、学校之间有针对性地开展教育教学的检查工作。实施并且建立学校与社会之间的密切联系。拓展办学空间，改变并打破传统上学校与社会之间相互隔绝的状态。社会中的每一成员都能很好地认识到受教育对自己以及自己的子女的价值和重要性，也有利于强化社会中的每一成员对学校的主人翁意识和责任感。从而起到学校和社会之间能够相互加深了解，学校也能够充分地挖掘和利用社会资源以运用到教育的进一步提高和学校的进一步发展中去。

（1）建立学校与社会联合体，可以面向市场、多元发展。遵循"教育必须为社会主义建设服务，社会主义建设必须依靠教育"的方针政策，学校应该坚持"以服务求支持、靠贡献求发展"的新型理念，创新学校的发展思路，建立政府投入和市场驱动并重的多渠道投入机制，形成具有现代化教育发展特色的"政府投、社会助"的多元投入格局。"政府投"是指在实训基地、重点专业、公共设施等方面的建设；政府以贷款贴息的方式来大力扶持和发展中小学校。"社会助"是指国家鼓励和支持行业、企业拿出一定资金投入到教育领域。

（2）学校的管理职能在扩大。这表现为学校与社会的联系不仅以间接的方式进行，因为现代的大教育已把学校与家庭、社会看作是教育的合成体。与过去相比，学校的管理呈现出社会化的趋势。从另一个角度看，要促进校长专业化的发展，建立学校与社会的联合体也是有必要的，其主要表现在：第一，学校管理加强了与社会的直接联系，可以使社会对学校管理的影响不断加深；第二，学校管理中重视家长的参与作用，这样做的目的是强化家长参与学校管理的作用。

（3）学校应该寻求并建立内部和外部的伙伴关系，以更好地实现学校的全部目标。其中学校的内部伙伴关系包括：第一，促进教师及员工团体（如工会、系科、工作小组)之间的合作;第二,在各学校之间创设网络关系,以提高学校工作的灵活性和针对性。

3. 建立协同改革的文化氛围

学校校长在发展以学生为重点任务、以学系为导向的环境和氛围方面应该发挥其重要的作用。校长在学校的发展方面,必须确立清晰可见的目标方向和较高的期望。学校领导以及所有教职员工都能够参与制定实现有益的战略、系统以及方法,而这类战略、系统以及方法应具有一种不断学习和持续提高的基础。校长作为全校的领导者、决策人应确保学校的政策有助于形成学习和提高氛围并鼓励自我不断发展、不断进步的指导职责。

4. 创建学习型学校组织以及提高办学效能

良好的团队学习氛围,是建立学习型组织的基本条件。学校的校长应专注教师之间交流和共享的关键,积极鼓励教师建立起平等的对话模式,提供对话机会。并通过教研组活动,围绕中心主题来发言,使教师之间畅所欲言,集思广益,在有质疑、有喝彩、有争议、有共识的这一相互沟通的过程中,经过讨论不断审视其自身的思想认识,并不断地增进共识和智慧。

学校的领导也应充分地利用其他渠道(如社区的支持系统及企业资源)来加强和改善学校内的学习环境。常言道:一所学校在提高成绩方面的成功与否,主要是依赖于学校教师及其他员工的知识、技能、能力和动机。而教师和员工的个人成功则依赖于不断有机会去学习和实践新的知识与技能。学校应通过继续教育、培训和持续发展等机会,对教师和员工的持续发展进行必要的投资和激励。

5. 促进学业成就多元评价观念及体系的构成

从学校的实际出发,积极推行校本改革,着眼于实现以学习为中心的教育模式,建立学校与社会的联合体。对学校进行质量评估,建立协同改革的文化氛围,创建学习型学校组织以提高办学效益,同时促进学业成就多元评价观念和体系的形成。

由单一的纸、笔测验转向多元智慧评量已经成为一种国际潮流,从哈佛大学心理学家加德纳的多重智力学说到耶鲁大学心理学家斯腾伯格的"成功智力"学说,都倡导对人的才能进行多方位的考察。在其具体的方法上,我们可采用纸、笔测试；对学生学习活动的观察；对学生整个成长过程进行档案记录的分析等多种形式，从静态和动态两个不同的角度来进行评估，以求全面了解学生的发展态势。

校长专业化实施最终所想达到的目标及取得的效果也就是校长专业化精神思想、教育思想、办学理念、理论水平、创造精神等各方面素质的发展变化。

（二）小学校长专业化实施的内容

在当今教育改革的大潮中，小学校长专业化的实施与发展无论是校本研究、校本培训、校本课程开发还是人事分配制度的改革，都必须把握"以校为本""以人为本"的原则。没有教师和学生的参与，小学校长专业化的实施与发展只能是一句空话。校长在这场教育改革的实施中是主要责任人和决策者；教师既是学校教育改革中的实施管理对象，也可以把他们看作管理者；学生则是这场教育改革中的主体。所有的策略、措施、决策的正确与否，实施的效果如何，主要是由学校的发展、学生的发展、教师的发展来做评判。

校长的专业化可以由四个层面来构成：第一，校长专业精神的提升。其最重要的专业精神就是使命感、历史责任感；校长首先要为社会主义建设培养有用的人才，其次要促进每个人自由、全面地发展。校长要对这一历史使命有明确的认识。第二，校长专业技能的增强。如增强其自身管理方面的知识、增强组织协调的能力等。第三，专业修养的增强。校长需要不断地加强和完善自己的职业道德。第四，校长要有一定的能力。如提出问题的能力、批判决策的能力、表达能力、评价能力、反思研究的能力等。

当然，这也需要得到社会各界的理解与支持：

（1）需要得到社会的理解并尊重教育的自身价值追求和内在规律，不要对教育和学校急功近利，要为校长的管理工作提供较为宽松的社会环境和舆论环境。

（2）我国的政府部门乃至全社会要共同努力为学校提供充足的经费，使校长从筹资谋则的尴尬困境中抽出身来，可以专注于学校的教育教学工作。

（3）要进一步完善现代化教育管理体制和现代学校制度，并且明确校长在教育中的角色与地位、职责和权力。

（4）构建校长的知识体系和能力结构，为校长发展提供精神食粮。

（5）开发并不断地完善校长教育、培训课程、培训体系，使校长能够得到不断的培训。

（6）培训校长的专业组织和中介组织，促进校长的自我管理和自我发展。

（7）加快完善自成体系的校长资格、考核、选任、培养、报酬，以及晋升等管理制度和校长管理体系，为校长提供良好的激励和约束机制。除此之外，校长还要做到以下三点，以完善校长专业化发展的实施计划。

1. 校长要确定明确的教育管理理念和办学宗旨

众所周知，校长的教育管理理念或其教育思想，是一所学校得以发展的灵魂。校长除应具备教学和管理的成功经历、有熟练的领导管理和激励技巧外，还要有活力、主动性和战略眼光。具体表现在两个方面：首先是形成发展的目标，构思改革方案，使学校的发展具有明确的方向和持久的动力，形成学校特色；其次是要深入教育一线，确立先进观念，得出规律性结论，形成教师集体的教育观念。同时，校长有责任让教师明白其在校本实施中的角色，并提供给其充分的机会，让他们从"课堂消费者"变为"课堂研究者、开发者"。在促进校长专业化发展的同时也可以有效地促进教师的专业化发展。

2. 校长要具有敏锐的问题意识及研究激情

校长对学校存在的问题，应该通过表面的现象洞察矛盾的实质，从而可以实施解决方案及评价。因此，校长应接受必要的学习和培训，不断地全方位地提升自己各个方面的能力。校长对学校的发展需求应认真地进行研究，并且针对学校的发展方向来制定其学校的发展规划。在具体的工作过程中，校长对问题的出现应做到有"先知先觉"的敏锐意识，做到对问题进行及时的调整和不断深入的改革和研究，找出所出现问题的症结所在，使学校能够顺利地渡过危机并可以迅速稳定地得到必要的发展。

另外，校长在处理学校内外问题和研究解决问题的过程中，应具备两种能力：第一，与校长专业化发展相联系的特殊能力。其中包括领导决断能力和团队组织协调能力等；第二，发展有利于深化校长对管理实践认识的能力。

3. 建立良好的校内外的沟通网络

我国政府在大力支持校长走专业化发展道路的同时，也非常重视教育信息化的建设工作。随着我国的改革发展和经济的不断提高，一些地区已建立了连接全

"弱校"精准帮扶视域下的小学校长领导力研究

区所有中小学信息单位的教育区域网,在实现学校网络化教学的基础上,各校的教育管理几乎可以完全地网络化。许多会议也可以直接通过视频方式进行,许多的教育信息也能够面向社会直接公布在网上。这其中包括各类政策法规、各个学校的情况、各校的招生范围等。这一科技的快速发展,要求校长必须熟练地掌握好现代信息技术,并可以自如地利用信息技术进行有效的科学管理和决策,以及对教师、学生、社区、家长及社会等进行全方位的良好的沟通。

校长对社会、学校、社区、教师、学生及家长等各个方面的需要应有敏锐的感受能力和良好的交际与沟通能力。因为,在校本化的实施中就曾经提出,要求教师、课程专家、学生、家长和社区等各界的广泛参与。为此,就必须要求校长的角色进行不断的转变,除了"领导者"外,还应是"社会活动家",主要负责、处理和协调好学校内外方方面面的关系。

第二节 校长专业化与小学校长培训

中国是世界上基础教育规模最大的国家。培养和造就一支高素质的校长队伍,确实是创造和提供优质教育资源的前提和基本保证。同时,学校之间的差距反映出校长之间的水平差距,也反映出校长水平的高低已严重影响着学校的教育质量和水平。

一、校长专业化发展对小学校长培训提出的新要求

在新时期,单单只是依靠校长的经验和直觉来建设和发展学校已经不足以解决问题了。要强化管理的过程,首先要把学校管理转向科学的水平,这就要求对学校的领导者进行专门的培训。校长在学校里已不仅仅只担任着行政职务,当社会赋予了其专业角色、校长角色、职务角色等各种角色变化的同时,对现有小学校长的培训工作也将提出新的挑战。美国加州大学学校领导者学院在校长研修班上专门组织校长们讨论校长应如何适应社会的变化,为什么会有变化,社会变化对学校教育提出了什么样的要求,学校的组织机构将会产生哪些变化,校长将怎

样带领其学校组织成员去适应社会的这些变化等。因此,在要求校长走专业化发展之路的同时,也要求校长培训的专业化。尽管我国小学的校长培训工作正在逐步制度化、规范化,但距专业化的要求尚有一定的距离。目前,随着我国对教育的改革开放的幅度越来越宽,已基本上形成了教育宏观指导、地方教育行政部门分级负责的校长培训管理体制,这一管理体制虽有助于发挥地方教育行政部门的积极性,但在校长培训工作中还存在着师资培训能力较低;培训模式方法僵化,远远不能满足校长培训多样化的要求;培训管理体制不完善,经费投入缺乏保障机制;培训基地设施较差,优质培训资源严重短缺;培训教材建设滞后,缺少对教育问题的关注;培训市场缺乏竞争约束机制和规则,导致市场秩序较为混乱等一些问题也影响着培训的质量和效果。从目前小学校长的培训现状来看,仍存在着许多的不足之处,如我国校长培训的现状普遍存在着缺乏培训实效的问题。这些不足将会影响小学校长专业化发展的步伐,因此,必须对现有的校长培训工作进行改革。

（一）培训理念与目标的改革

早在1989年我国就针对小学校长启动了培训工程,当时在对校长队伍整体素质的提高工作上取得了一些显著的成就,但同时也引发了一些不容忽视的问题。如在培训中往往只注重问题的外在表现,而忽视了问题的内在过程与潜在的动因;许多培训部门在一定程度上缺少现代培训意识,培训的内在动力严重不足,缺乏长远的战略眼光等,势必会影响到培训者与参与者的积极性,影响到小学校长专业化发展的进程。

进入新时期后,针对这些问题,校长培训要发生根本性的变革。在对校长实施培训工作的同时,应该从校长工作的实际出发,积极探索"按需施教"的培训理念来关注小学校长的自身发展需要和专业化的成长需要,努力达到"武装一人,振兴一校"的当代校长培训的纲领性理念。

为适应新时期小学校长培训的实际需要,优质培训资源的开发取得积极进展,在"十五"期间,根据《面向21世纪教育振兴行动计划》和《小学校长培训规定》,教育部在总结"八五""九五"教材编写工作经验的基础上,采取"公开招标、专家评审、政府认定、向全国推荐"的办法,委托全国小学校长培训专家委员会组织评审出16本基本课程教材,作为"十五"期间全国小学校长任职资格培训和提高培训的教材。同时,为更好地实现优质校长培训资源共享,促进农村地区特别是边远贫困地区小学校长培训工作的开展,还设立了"小学校长远程培训课程开发项目",委托东北师范大学进行课件研制工作,并发挥"全国中小学教师继续教育网"的优势,利用现代远程教育手段开发建设网络课程、光盘和文本教材相结合的远程培训资源。

校长专业化培训的最终目标就是提高校长的个人素质,促进学校持续稳定地发展。校长培训应突出其发展性而不仅仅只是为了弥补校长的知识缺位。通过培训,在提高校长个人的教育与管理信念、专业态度与动机、专业知识与能力的同时,还要使校长了解当代社会经济发展的趋势和国外教育改革的新动向,要使校长不断地开阔视野,并且积极主动地去了解科学新知识,研究并掌握教育的规律的同时还要掌握现代管理理论、学校管理理论和学校管理的规律,进一步提高管理水平和依法治校的能力,掌握现代教育技术,增强其自身的学习意识、更新意识以及创新意识,努力达到提升校长的人格魅力并对环境变化的敏感性展现出具有领袖风范的新时代的新型校长。另外,校长通过培训,能够有效地根据各自学校的现实情况和与别的学校之间存在的差异来开发自己学校本身所具有的资源的能力,并且编制好其学校的管理与组织发展计划,以此来提高学校管理的有效性,同时又促进了学校的发展。

众所周知,一名成功的校长能够创造出一所成功的学校,而成功的学校就必须具有自己的风格、特色和创造性。校长要把学校的发展时刻放在心上,时刻准备好去适应当前不断变化的教育市场来发挥其自身的能力。在校长开阔视野的同时,还应积极主动地去了解科学新知识,研究并掌握教育的规律、现代教育技术,增强其自身的学习意识、更新意识和创新意识。

(二)培训内容的创新

培训内容是校长培训目标的一种具体体现,它对于提升校长的能力尤为重要。可是,如何选择切合实际的培训内容呢?这就需要一些培训院校通过不断地探索,不断地同在校长进行沟通、交流,不断地来总结在培训教程中所出现的问题和实践工作中的不足之处。《小学校长培训规定》第六条、第七条中明确指出:"小学校长培训要以提高校长组织实施素质教育的能力和水平为重点。其内容包括:思想品德修养,政治理论,教育政策法规,现代教育技术,学校管理理论与实践,现代教育理论与实践,现代科技和人文社会科学知识等方面。培训的内容也要根据不同对象实际需求的不同而有所侧重"。以科研为纽带构建"一课改"为主体的内容体系,是校长培训教学改革的迫切需要,也是"按需施教"构建新形势下校长培训内容体系的新要求。在整个培训过程之中,首先应以课改问题为依据来设置培训专题;其次是为解决课改问题需要设置案例分析;其次是围绕课改课题来搞好社会化调查考察;最后是使课改课题的研究系统化。

这些年来,在培训的内容选择上突出阶段性、针对性、适用性、时代性、前瞻性、专题性、开放性等多种内容形式,本着一切从实际出发,从学员存在的问题出发来确定内容、丰富内容。针对现代社会中教育迅猛发展的需要,在小学校长各类培训中应适当增加英特尔未来教育培训、计算机网络技能培训、学习领域开发等现代教育理论和技能等一些教育时代发展中的新内容。因此,培训院校可以根据本地的和受训校长所工作学校的一些实际情况,再根据受训校长的薄弱环节制定切合实际情况的培训内容是尤为重要的。许多国家校长培训课程都体现出学用结合、按需施教、注重实效等原则。

(1) 针对问题来教。所谓针对问题来教在这里可以理解为培训的院校和教师要针对受训校长普遍存在的不足与问题,选择合适的培训内容与培训方式来进行教学。首先应该在培训之前去征询受训校长的需求与问题出现的所在点;其次是有针对性地对学员中存在的难点、热点、重点来教;最后要明确受训校长本身在自身能力提高上还存在着哪些障碍,并且找到其解决方法,使受训校长能够及时地解决好在工作中随时出现的种种问题的同时,不断地提高自身的管理和判断的能力,使其能够真正地做到学以致用。

(2) 针对问题来学。受训校长所处的学校背景、工作环境不同,所遇到的、困难和问题也将会有所不同。对此,培训院校应该在教学上将这些问题收集起来,并且做好整理和归纳工作。对带有普遍性的问题,培训院校可以组织专家、学者和受训校长一起来讨论这些问题的成因、危害,一起来寻找解决这些问题的措施和方法。另外,培训院校也可以由受训校长针对自己的实际工作需求进行选择学习的内容。这样做的优点是使受训校长在学习中的目标更明确,学习的主动性也将会增强,学习的效果也会更明显。

(3) 针对实际工作中所出现的问题来研究。受训校长可以针对自己学校所出现的问题进行研究。其研究的时间可贯穿于整个培训过程,甚至还可以包括培训结束后的时间。研究的成果既可通过论文的形式来反映,也可以通过调查报告、随感或者课件制作等方式体现。这一改革的成效体现在,只要是受训校长在认真研究自己所关注问题的过程中,确实能找到对学校发展有一定帮助的收获就可以。

(4) 针对在培训学习中所发现的问题,能够扬长避短把它运用到实际工作中去。理论的作用在于怎样去运用所获得的知识。受训校长在培训期间的收获如何,能否灵活地理论联系实际解决其工作上的问题,只有通过其日后在工作的实际操作中才能够体现,在其工作中遇到的难点问题的解决过程中方能检验。因此,培训班的结业并不意味着受训校长学习和探索知识永久的结束,培训院校更应该关注的是培训结束后受训校长在实际工作中所遇到的困难。培训院校可以通过追踪、调查等一些形式及时地了解受训校长的工作信息,能够及时地提供给受训校长必要的帮助。必要时,还可以组织专家小组上门解决受训校长在工作中所遇到的难题。这一改革的优点是可以使受训校长真正地运用所学到的知识理论,使自己的能力得到提升。

(三) 培训方式与手段的变革

1. 培训方式的变革

我国在计划经济体制下的小学校长培训方式是一种按上级教育部门的指令行事(其中包括培训对象、培训规模以及培训经费等)的计划模式。在这种情况下,培训部最为关注的是上级行政部门的计划指示,很少考虑到培训对象的实际需求。参训校长一般处于被动的地位,其学习进修的主动性、积极性难以得到充分的调动。所以现有的校长培训方式已经不能满足校长专业化发展的要求。特别是在当今中小学教育改革和创新的时代,校长不仅要懂得教育和管理的知识理论、具有组织教学和充分利用学校各种资源的能力,更要具备超前的教育变革的创新意识,敏锐地把握基础教育发展方向的能力、创新能力和实施教育创新管理的综合素质。因此,培训院校要抛开传统的培训方式和手段,采用综合有效、因地制宜、按需施教的培训方式。

从现实工作中不难发现,以往我国校长培训的方式尚存在着许多的弊端。就拿培训教材来说,传统的培训教材比较单一化、简单化,教材中的理论知识不能够完全地运用到实际工作中去。在培训的过程中,以教师为中心的培训方式是传统培训的一大特点,这种方式把培训仅仅看成是简单的传递知识的过程,比较容易忽视受训校长的发展性和创造性,严重影响了培训的效果。所以,针对传统培训的弊端来加以改革,校长专业化培训的方式应由传统中的一元化、单一化向以校长能够持续稳定地发展学校为主体的多元化、套餐化和个性化的方向发展；校长培训的场所也可以由封闭化、固定化、程序化向灵活化、弹性化和开放化来发展；由培训与实践脱节转向培训与竞争、培训与实际工作相结合的方式。

目前，我国的一些培训院校的培训方式仍局限于课堂教学，这种教学的方式主要还是以灌输为主。可是面对来自不同的区域、不同的经济背景、学校自身条件的不同，以及学校类型不同的各个学校的校长来说，培训者无法满足不同年龄、不同层次、不同分工角色等这些校长的不同需求。虽然有的培训院校也让校长去实地考察，让受训校长去办学成功的地区或学校去学习和借鉴其办学的经验，这种做法的出发点是好的。然而，实际却不尽如人意。因为受训校长去实地考察、参观学校只能是走马观花，根本深入不到骨髓里，所以这种外出考察的形式既耗资巨大又没有得到明显的收获。但是，社会化调查考察这一教学环节非常重要，因为通过考察同行间的管理实践工作情况，可以借鉴他人的经验并吸取其教训，促进自身认识和能力的拓展。但是怎样才能去除弊端，使参训校长能够真正地在考察中学习到新的知识，得到新的启发，针对这一问题可以具体抓好以下四点：

（1）社会考察的时间至少要占整个教学计划的1/3或1/4时间。

（2）社会考察的目的必须明确，要有详细的调查考察计划，并且带有专题性教育与管理的问题来进行社会调查考察，尤其要防止形式化、"走过场"，使考察学习活动变成一般性教育参观活动，达不到预期的效果。

（3）要选择好考察的地点，可以安排办学比较有特色的先进典型学校或管理薄弱的学校进行考察分析，并在考察活动前就要做好周详的考察工作，以保证社会考察活动顺利有效地进行。

（4）要认真做好社会考察的综合报告以及专题研究报告的撰写工作和总结交流工作。

针对传统培训中的不足，培训院校应采用互动式参与、对话式答疑、针对各校的不同情况由教师或专家进行点评的方式。培训教师的身份也应由传统单一的教学身份转为组织者、引导者、领导者的多重角色。当然，不同层次的培训对象采用的方式也应该有所不同。对提高培训班和骨干培训班宜采用灵活多样的问题教学方式。在培训过程中，培训教师应引导受训校长广泛收集信息，理论联系实际的分析信息并能灵活地运用对自己学校发展起到帮助的信息，认真地反思自己的办学行为和办学理念中不足的地方。同时，作为培训教师来说，应注重培训方式的科学性和可操作性,做到讲授与自学相结合,研讨与交流相依存,理论结合实际的统一化与个性化相结合的方式。以有关教育的改革与发展和学校管理中所存在的难点、热点问题为载体,让每一位受训校长在共同参与的过程中,相互交流、研讨、反思、总结,从而形成自己新的办学理念与方略。为了加强培训中的针对性与时效性,培训教师应根据受训校长不同的兴奋点来展开培训是非常有效的。

要想真正做到培训方式的改革与创新,培训教师也是非常关键的。首先,培训教师必须要摆脱传统上单一的讲授方式,将自己真正地融入到校长专业化培训的氛围中去;其次,培训教师能够充分地利用受训校长的主观能动性以及受训校长自身所具有的丰富资源,真正地做好组织者、引导者、领导者的多重角色,成为与受训校长双向互动的指导者。

2. 培训手段的改革

专业化培训手段的改革之一是可以充分利用国家所提供的现代远程教育资源,积极创造条件,运用信息技术教育的手段来开展培训工作。这样既有利于实现优质教育资源的迅速扩张,又可以弥补各地师资、条件等一些培训资源不足的问题。加强相互交流,有效地提高培训的质量与效益,同时也有利于在校长培训工作中理论与实践紧密相结合的开展。培训院校尽快创造出可以提供给受训校长的网上学习和信息服务等在内的具有多功能的综合性的平台,并逐步开通网上直播、网上点播、网上答疑、网上论坛等一些与现代化科技相结合的培训教学网络。另外,要强化管理效能。在传统的培训中,培训管理侧重于统一性,这在一定程度上抑制了培训工作的活力。为适应并能尽快达到专业化培训工作的要求,必须打破那种守旧、封闭、垄断的思维方式。

(1) 采用专题性课堂讲授方式,在课堂讲授上突出精,增强培训的吸引力。课堂讲授是传授知识、拓宽视野、激活思维的一个重要的培训环节。所谓突出精就是要求培训的教师做到:一是精选。在调查研究的基础上,精心选择那些符合校长的现实情况,并且能满足校长们急需的、新颖的教学内容。二是精讲。指对所设置的教学内容要进行反复推敲、熟悉把握。并能不断地提高授课水平和艺术,增强课堂教学的效果和吸引力,并且在此基础上可以组织基础知识系统进修为主的专题讲座。其中,岗位培训则应以更新知识为主的专题辅导讲座;而研修培训(含高级研修)则以课题研究为中心的专题辅导报告为宜。所有这些课堂讲授其着眼点都应是以文化素质的培养为价值取向,而不应是单纯的知识传递过程。

(2)经验交流活,增强培养的启发性。参训校长们之间的相互交流、学习、启发、促进等在校长培训中都是必不可少的。因此,在培训的过程中,培训教师要积极引导、善于发动、注重点拨,做到:内容设置上活,形式操作上活,时间安排上活,并能创造出一种和谐、民主、融洽的学习氛围,多给校长们一些发表个人意见的机会,让其畅所欲言地去评论、反驳,从而在相互启发中增强校长们管理学校的悟性和机智。

(3)论文撰写突出高,增强参训校长的教育科研能力,满足其成就需要。无论什么类型的校长培训,都要注重指导校长撰写高质量的论文或调查报告,这是经过培训之后最直接的成果显现,也是满足校长成就需要的一种有效方式。突出高,就是要立题新,观点准确,占有的资料多,专家指导的水平高。参训校长只有经过课题的选择,计划的制定,材料的收集、整理、分析,成果的表达等环节,才能真正领会和掌握教育科研的一般步骤和方法,提高教育科学研究的能力和水平。

(四)培训策略的改革与校长培训评价体系的构建

1. 培训策略的改革

校长培训在策略上要充分体现继续教育和校长培训的特点,要坚持以参训校长的发展为本,将个别学习、小组学习以及团体学习相结合,以激发和满足参训校长的学习动机和学习激情。在我国,集中讲授式的培训方式虽然传统,也会存在着一些不足之处,但却是培训中重要的表现形式之一,所以应该扬长避短,继续发扬其优势,改正和弥补其缺点。在充分调动校长的积极性和主动性时,必须把讲授与研究、探讨与指导相结合,使参训校长积极主动地参与到培训课程的开发、教学进程等一些教学环节中去。实践证明,这是参训校长学有所成、学有所用、提高办学实效的好办法。

小学校长的培训,其内容必须在国家、省、市课程指南的基础上结合教育教学的实际工作和校长的实际发展的需要来进行整合。并以培训对象为主要依据,以灵活多样的培训策略式来组织并实施培训工作。

(1)要关注当前教育教学的发展动态,组织小学校长进行主题式专项业务培训学习。其中心应围绕着教育教学发展动态和教育教学实践层面的操作进行主题式培训。实质上,校本培训是学校工作的重要组成部分,它是促进学校发展的一种有效途径。此外,培训资源的整合优化、校本培训与校本科研的整合等问题也需要校长通过其学习、实践、总结来提升。为此,按照点面结合的方式、理论联系实际的原则,切实解决校长在实际工作中遇到的困惑,使校长积极探索实践。

(2)要关注小学校长的专业化发展,从而提高校长的综合素质。目前,许多优秀的教师刚进入校长队伍,因此,建立一支高素质的校长队伍是校长培训的重点工作。教育市场的竞争越来越激烈,许多校长渴望能够不断地增加自己专业化的知识,获得专业化技能的培训,能够不断地提高自身的素质和管理能力。

2. 校长培训评价

校长培训评价究竟要评价什么?其中有三种观点:第一种观点,校长评价主要评价校长个人的素质和工作业绩;第二种观点,校长评价除了要评价校长个人的素质和工作业绩外,还要评价在校长领导下群体的工作业绩;第三种观点,校长评价更具体地对校长工作优劣情况、校长素质、校长的管理水平和校长工作绩效进行有效评价。校长评价的最终结果是由实际行为来衡量的,但是在知识技能和行为之间往往还存在着一些鸿沟,而建立校长培训结束后的最终问效机制可以对缩小这一鸿沟起到一定的作用。

其实科学的评价校长不仅可以对参加培训的校长起到一定的促进作用,还可以检验培训工作中所取得的成效。评价的标准就是预期的培训工作的指标,而评价的最终目标则是为了能够更好地促进学校的发展建设。在一所学校中,校长的使命就是怎样才能更好、更快、更稳定地引导学校的发展。评价受训校长经过培训后的工作情况以及在培训期间知识的掌握和运用的情况,必须以学校是否在整体上得到发展为根本立足点。因此,这需要全面地了解受训校长在培训前的情况,在培训结束后,应对受训校长进行追踪了解和观察其是否针对学校以前的不足已经对学校工作进行了全面的改进,在得到真实的情况后对受训校长进行客观有效的评价。参与校长评价的部门可以是培训部门,也可以是校长直接的上级部门,校长的同事、同行或者直接下属。

校长专业化是时代的要求,同样校长培训专业化也是时代的使命。对此,培训工作者要有清醒的认识,才能够在培训的工作、教学中不偏离方向。

(五) 校长培训课程的鉴定制度及加强培训机构师资队伍的建设

培训课程的好坏将直接影响着小学校长培训质量的优劣。因此，培训课程的设计将会成为校长培训工作中不可缺少的内容之一。主管教育行政部门要对培训机构中课程的内容、结构及课程安排等进行评估，力求在内容上既要有理论性和系统性，同时又不失针对性和实用性。在课程的内容结构安排上也要讲求其合理性、灵活性，必须符合受训校长们的实际需求。美国芝加哥市教育局人事培训部，每年在夏季都会与教育服务中心一起协作举办校长培训班，每次集中 5 天，每天 4.5 小时，学习的内容主要有教师评价、校长与法律、学校人际关系等。校长则可以根据自己所需要学习的内容来选习。

培训机构的师资问题也是校长培训工作的一项内容。加强培训机构的师资队伍建设，各级培训机构都要拓展师资队伍来源渠道，并且加强对专任教师的培养，积极推进培训者培训，鼓励培训教师在职攻读高级学位；对教育干部培训机构管理干部队伍的建设也应加强，注重培训，推进交流，提高素质，优化结构，建设一支善管理、讲政治、精通业务的教育干部培训管理者队伍。提高培训机构专职师资水平才是保证培训质量的关键。因为，只有高水平、具有丰富的培训经验的教师，才能有高质量的培训效果。这些担任培训任务的教师在开始培训前就必须接受培训，他们必须具有超前的培训观念、现代的教学思想，并且熟悉中小学校的实际情况，有一定的学校管理实际工作经验，只有具备这些要求才能够适合做培训工作。另外，必须以培训任务的需要为出发点，加强对培训教师的培养，及时更新知识，以保证教师继续学习的机会。同时，要正确地引导他们必须经常地深入实际工作中去进行调查研究，以便能够及时地了解教育的改革动向和教育发展实践中的所吸收到的新鲜经验与理论研究的最新动态。要加强培训教师与党政及企业、事业单位的交流、合作等，不断地提高培训教师的政治素质、教学水平、业务能力等。与此同时，要建立培训教师师资库，使师资优化配置，发挥更大的作用，达到最好的效果。

二、小学校长培训工作取得的成效

当前，我国小学校长培训工作正迎来一个新的发展阶段，同时面临着难得的历史发展机遇。在 20 世纪 90 年代时，我国百万小学校长培训可谓是教育史上的一件意义深远的事情。我国小学校长的培训工作经过"八五"计划期间的岗位培训与"九五"计划期间的提高培训，已取得了一些显著的成效。

目前，教育部重点支持了国家教育行政学院、教育部小学校长培训中心、教育部中学校长培训中心的建设，充分发挥了国家级培训基地的引导和示范作用。"十五"期间，在各级党委、政府的重视下，在各级教育行政部门、培训机构、广大小学校长共同努力下，我国小学校长培训工作进展顺利，并取得了显著的成绩。通过培训，小学校长队伍整体素质有了明显的提高，为实现我国普及九年义务教育，推进基础教育的改革和发展做出了重要的贡献。

（一）建立了一套规范化并适合我国国情的培训制度

我国政府教育行政部门非常重视对校长培训工作的指导与支持。改革开放以来，我国小学校长培训工作得到了蓬勃的发展，初步建立起了具有中国特色的小学校长培训制度。但是，面对改革开放的新形势、新任务，小学校长这一庞大的队伍在整体素质等很多方面尚不能完全适应实施素质教育的需要，其中有部分校长的教育思想、法制意识、管理能力及品德修养等方面还处在相对滞后的状态，这些将会直接影响基础教育的改革和发展的速度，也会制约着素质教育的全面实施。所以，有必要进一步加强中小学的校长培训工作，以政府规章制度来确保小学校长培训在法制化的轨道上健康发展。1999年，教育部部长陈至立签发了教育部第八号令《小学校长培训规定》（以下简称《规定》）。《规定》对小学校长培训的内容和形式、组织和管理、培训责任等方面都做出了明确的规定。如，在职校长除了必须取得"任职资格培训合格证书"，须持证上岗外，且每5年必须要接受国家所规定时数的提高培训。如考核不合格，小学校长的任免机关有权令其在一年内补正。在期满仍未取得《提高合格证书》者，将不能继续担任校长职务。在《规定》中也对校长的培训形式提出了新要求。《规定》提出，小学校长培训工作以在职或短期离岗的非学历培训为主，有三种主要形式：第一，任职资格培训；第二，在职提高培训；第三，骨干校长高级研修。随着《小学校长培训规定》的出台，形成了一套比较规范化的校长培训制度。

回顾过去的一段时间，我国小学校长培训工作已取得了新的进展和成效。第一是在"全国中小学教师继续教育和校长培训工作会议"上动员和部署了小学校长的培训工作；第二是加强了法规建设；第三是改革干部培训的管理体制，并且加强了培训的宏观指导,成立了"全国小学校长培训专家委员会"并建立了"教育部小学校长培训中心";第四是着手改革小学校长培训课程教材体系,确立并实施了"21世纪的小学校长培训课程开发项目";第五是进一步促进和巩固小学校长持证上岗的制度;第六是组织并开展培训理论和实践研究相结合的形式,进一步促进了培训工作的合理化、科学化。

(二) 建立了较为完整的校长培训网络

要大力加强各级小学校长培训基地的建设工作,完善培训网络体系,适应信息化的趋势,不断地更新培训观念,变革培训的方式。运用电化教育设施和计算机等多媒体的手段来开展校长培训的教学工作,要积极地利用互联网拓展其培训的空间,节约培训成本,改进培训管理的同时,提高培训效率。所以要积极地发挥现代远程教育手段在校长培训工作中的作用,必须建设稳定的培训机构,进一步完善培训网络体系建设。

第三节 我国小学校长专业化面临的问题及原因

近20年来,我国小学校长经过制度化的全员培训,校长队伍的整体素质有了明显提高,在一些地方甚至涌现了一批知名的专家型校长。但仍然难以适应教育发展新形势的要求。尤其是在课程改革的背景下,我国小学校长专业化发展还面临着许多新的困难和问题。

一、小学校长专业化面临的问题

(一) 校长角色定位模糊

"长期以来,我们对校长角色的定位一直比较模糊,多数校长也都认为自己的身份仍然是一名教师，因为我们的校长大多出身于教师。"① 校长只是优秀的教育工作者，无须特别的专业知识和能力，"好教师就是好校长"。

（二）学校管理中的行政化倾向

校长对学校的领导，首先应该而且必须是教育思想的领导，其次才是行政的领导。"校长的管理首先是思想的管理，如果校长的教育思想不端正，教育观念陈旧，就难以改变全体教师的教育思想和教育教学观念。"②

长期以来，我国校长的职务级别与学校的行政级别挂钩，套用机关行政级别，并享受相应的干部级别待遇，这种管理制度随着教育改革及人事制度的推进越来越不适应校长队伍的建设，不利于作为专业性较强的学校管理者的职业发展。"校长官员化"现象是影响和阻碍我国校长专业化发展的深层原因。

（三）校长专业能力欠缺

校长专业能力欠缺突出表现为学校管理经验化。目前，大部分的校长都没有进过一个系统的学习与培训，不仅专业素养不够，而且管理能力还十分欠缺，所以，在实际的管理工作中，校长都是凭经验进行管理的，缺乏一定的依据。由于他们长期都在学校，再加上他们长期从事学校教育教学活动和管理活动，能够更好地掌握学校的实际情况，对学校的发展情况也是十分了解的，长此以往，他们就吸收和积累了大量的管理经验。但随着学校的不断发展与创新，原有的管理经验和管理模式已经无法满足当前学校的发展情况，是需要校长不断地更新知识结构、完善管理经验，方能更好地管理学校，为学校创造另一个发展条件。

专业能力欠缺具体表现为以下几种现象：

（1）注重事务管理而疏于战略规划的"看守型"校长。为使学校能健康地发展以应对不断变化的环境，所需要的不仅是管理更需要领导。领导是领导者对被领导者施加影响以达成组织目标的过程，而管理则是优化和控制各种资源以实现组织目标的过程。"所谓战略管理就是对学校教育活动的总体管理。"③ 在管理过程中，校长应关心的是组织决策、发展规划、指挥、协调内外关系以及创新与

---

① 赵小雅．校长们的未来之路：专业化发展［N］．中国教育报，2002-10-19（03）．
② 《小学校长队伍建设》课题组．关于小学校长队伍建设的几点思考教育研究［J］．教育改革，2004（1）．
③ 吕国光．校长如何提高课程领导能力［J］．中小学教育管理，2005（3）．

持续发展等问题。

（2）过度授权而疏忽领导的"粗放型"校长。校长群体中有一部分校长习惯于放权，教学有分管教学的校长、后勤有分管后勤的校长、德育有分管德育的校长。从表面看，正职校长全面负责学校的工作，但在部分领域，特别是在教学领域，放权过度，甚至放弃了领导权。"这种领导方式有利于建立上下级之间的良好关系，可以使事业心强、成就需要强烈的职工在其职责范围内充分发挥聪明才智，提高管理效能和教育教学质量，但容易造成纪律涣散、步调不一、各抒己见、各自为政等混乱现象。"① "实际上，学校领导者的重要恰恰在于其对课程、教学和评价问题的直接关注，但校长们往往强调对人、财、物的管理，而很少会顾及到怎样改进课程和教学以及如何提高学生的学业成绩。"②

（四）校长专业化组织建设滞后

专业组织的功能在于通过对专业人员从业资格的考核，从业权利的控制和专业伦理的规范来保证专业服务的社会功能的权威性，其中保护专业人员的权利是专业组织的一项基本任务。与国外校长专业组织相比，我国校长专业组织无论在数量上还是在组织的力量上都比较薄弱。目前，我国的校长专业组织仅有中国校长工作研究会，虽然我国的中国教育学会等专业组织在促进校长的专业发展方面也发挥着积极作用，但这些并不是专门的校长专业组织。在校长的任用、培训、考核、晋升以及校长权利的维护等方面，现有的教育专业组织乃至中国校长研究会还不能很好地发挥作用。由于校长专业组织本身缺乏权威性，加上缺乏强有力的资金支持，致使专业组织应有的功能不能很好地发挥。

二、小学校长专业化存在问题的成因分析

（一）管理制度不配套

尽管我国已经在1999年颁布了《小学校长培训规定》，对校长的培训有一个明确的规定。主要内容就是：凡是担任小学校长的人，必须要取得相关的证

---

① 范国睿. 学持管理的理论与艺术 [M]. 上海：华东师范大学出版社，2003.
② 杨天平等. 校长——专业化教育者和职业化领导者的统一体 [J]. 教育理论与实践，2004（12）.

书——《任职资格培训合格证书》，或者在任职的六个月期间必须要取得该证书，如果小学校长没有根据国家的规定取得证书，或者没有达到国家规定课时数，或者在考核的过程中，成绩没有达到规定的水平，小学校长的任免机关就必须要求其在一年之内考核过关，取得证书。值得强调的一点就是，如果一年之后，校长还没有取得证书，就不能再继续担任校长一职。但在实际的工作中，这一点硬性的规定并没有落实下去，从而严重影响了校长参与培训活动的积极性，也影响阻碍校长专业化的进程，是会降低校长的综合素质。

（二）缺乏具有制约和激励功能的驱动机制

在我国，目前已经形成了教育部宏观指导、地方教育行政部门分级负责的校长培训管理体制，小学校长培训经费以政府财政拨款为主，校长在培训期间享受国家规定的工资福利待遇。这一管理体制有助于发挥地方教育行政部门的积极性，但容易导致受训校长的动力不足，普遍缺乏学习的积极性，将参训视为一种行政安排，并非自愿，培训就成了"要我培训"而非"我要培训"的一种工作安排。

综上所述，虽然我国小学校长培训经过长时间的发展，在一定程度上促进了校长专业化水平的提升，但由于培训管理体制本身的不完善，优质师资资源短缺，培训课程建设滞后，缺少对教育现实问题的关注，培训模式方法僵化等，都还不能完全满足小学校长专业化的需要。为解决上述问题，需要重新审视专业化视野中校长角色的定位及培训策略，需要从培训法规体系的健全、培训目标的厘定、培训内容的创新、培训方式的变革、培训评价的建构等方面重新思考如何改善校长培训以最大限度发挥培训促进校长专业化的策略。

第四节 提升校长专业化水平的有效对策

影响校长专业化的因素很多，但最直接、最重要的制约因素是校长的管理制度。众所周知，对校长的评价是促进校长专业化发展的指挥棒，科学的评价制度能充分调动校长学习和工作的积极性，最大限度地发挥校长的主观能动性；而完

第七章 小学校长专业化与校长培训

善的培训制度是给校长搭建不断提高自身素质的平台,为校长专业化发展提供保障作用。我国校长评价制度是相对比较薄弱的部分,是校长专业化发展的瓶颈;尽管我国的校长培训网络比较建全,但培训的实效性还要进一步提高。下面主要就校长评价制度和培训制度进行探讨,从而促进校长专业化发展。

一、改革校长评价制度

众所周知,评价具有指挥棒的作用,不管是对于校长的评价目标、评价内容,还是对于校长的专业发展来说,都具有非常重要的作用。

然而,就现有的情况来看,我国的校长评价制度还不够完善,还是存在很多的弊端和问题。于1992年,中共中央组织部和国家教委联合发布的《关于加强全国小学校长队伍建设的意见(试行)》中明确地指出,要求各级政府必须按照干部德才兼备的原则,对校长进行全方位的考核和评价,也要求当地政府结合当地的实际发展情况,合理地进行评价,以确保评价结果的完整性。在此之后,各地进一步地开展和实践了校长评价工作,也积累了很多的经验,这对未来开展校长评价工作具有非常重要的作用。可以说,目前在该不该对校长进行评价这个问题上已经达成了基本的共识。但由于受多种因素的影响,校长的评价目的、标准、方式还是存在很多的问题,如果这些问题迟迟没有解决,势必会影响后续工作的开展。因此,我们可以从以下三个方面入手,以更好地完善校长评价制度。

(一)校长评价的标准

依据国家有关规定,一些地方制定出校长评价指标体系。如果在评价校长的过程中,只是通过分析该学校的发展情况来评价校长,这种做法是非常不对的,也是非常不合理的,虽然校长的素质和能力是可以直接影响学校的发展情况,但是影响学校发展情况的因素除了有校长之外,还有很多的人为因素和外在因素。比如教师、学生、校园文化等,所以不能将学校的发展情况作为判断校长能力高低的唯一标准。而应该根据校长在校的研究成果和种种表现进行综合性的判断与分析,只有这样才可以让评价标准更加客观、更加合理。

(二)校长的评价方式

校长评价从本质上说是一种价值判断活动,是一种人与人的关系活动。就法律角度而言，每一个人的人格都是平等的，这就要求评价者首先应将校长当作"人"来评价，在评价者与校长之间建立一种人格上的平等的关系。评价方式应该建立在评价者与校长双方合作的基础之上，否则评价很难进行下去，校长如果抗拒、抵触或恐惧评价，那么评价的效果也是可想而知的。可是在实践中，评价者往往具有一种超越与凌驾心理，认为他们比校长似乎要高人一等。特别是他们在拥有经过教育行政部门授予的"尚方宝剑"之后更是如此。这种情况很容易导致校长的反感，挫伤与压抑校长工作的积极性、主动性。

我国现行的评价方式实际上大多是以考核方式代替的，考核校长的程序一般为：第一，校长述职；第二，民主评议和民主测评；第三，学校主管部门评议；第四，学校主管部门反馈考核意见，并将考核意见作为校长任免、奖惩的重要依据。我国对校长的评价历来注重群众性，比较常用的是问卷调查评价法和座谈调查评价法。

二、提高校长培训的实效性

从1989年教育部发布《关于加强全国小学校长培训工作的意见》开始，我国小学校长培训工作经过"八五"计划期间的岗位培训与"九五""十五"计划期间的提高培训，已取得了显著成效。一方面在我国政府政策的支持与保障下，建立了一套适合我国国情的规范化的培训制度；另一方面建立了比较完整的校长培训网络，初步形成了国家、省、地（市）、县四级培训机构。全国各地校长培训机构为提升校长的综合素质起到了重要作用。然而时间一长，从培训教材到培训手段都给人陈旧之感，似乎开始呈现"黔驴技穷"之态。如何创新培训模式，使培训更具针对性、更有含金量，真正提高培训效益，成为各地教育培训部门急需解决的问题。

通过校长培训机构有目的、有计划、有组织地为校长专业化发展创造条件，将校长的专业化训练纳入校长培训体系，是使他们尽快成为与教育国际化对接的面向未来的专业化校长的必由之路。校长的专业发展实质是校长内在专业结构不断更新、演进和丰富，专业性不断提升，是校长智慧持续开发与领导管理学校教育能力的发展。要开发校长智慧，实现其领导管理学校教育的能力发展，就要依据校长专业结构和专业化的内涵，跟进校长职业成长和专业发展的阶段，不断改进校长培训方式，积极推进校长培训改革和创新。

(一) 培训目标的厘定

校长专业化培训的显性目标和直接目标是提高校长个人的素质；隐性目标和最终目标是促进学校发展。发达国家培训计划的特点是，按计划探索地把校长培养成为"变革"的作用者。"武装一人，振兴一校"是当代校长培训的纲领性理念。我国传统校长培训的直接目的是提高校长个人从事学校管理的教育教学管理素养。从培训者和受训者来说，培训的最终目标从一开始就不是非常清晰。要突破常规培训的束缚，在教育学和经济学的结合点上，探索出新的办学理念和培训模式，在研修目标上追求"高起点""高定位"的现代型的，符合专业化校长的培训目标。一是要注重提高校长个人的教育与管理信念、专业知识与能力、专业态度与动机，提升人格力量，让接受培训的校长成功地"扮演"有领袖魅力的角色，展现有领袖魅力的行为。罗宾斯归纳出有领袖魅力的领导者的七个关键点，即：自信；远见；清楚表达目标的能力；对目标的坚定信念；不循规蹈矩；作为变革的代言人出现；对环境变化敏感。[①] 二是注重通过培训有效地根据各校的现实情境和差异，赋予校长在自己的组织中开发资源的职能，编制各自学校的管理与组织发展计划，提高学校管理的有效性，促进学校的发展。

改革以知识为本位的培训，树立培训是开发学校领导人力资源的观念。在过去的校长培训中，比较注重社会发展需要和学校发展需要，而对校长自我发展的需要考虑较少。这不利于校长个性发展，也不利于各类中小学改革与发展对校长个体素质多种多样的要求。值得强调的一点就是，我们加强校长培训的目的，并不是一定要让校长能够掌握多少的理论知识、多少的管理技能，而是在互动式的培训活动中将校长的潜能开发出来，促进校长的快速发展，从而让校长更好地管理学校。所以，在进行校长培训的过程中，应该改变以知识为本位的培训，以注重能力本位为主，要逐渐将校长培训发展成为开发学校领导人力资源的活动。

(二) 培训内容的创新

全面、正确的培训内容是可以直接影响小学校长的培训质量和培训效果的，由于基础教育的深化改革和学校管理形势的不断变化，加上随着时代的不断发展，校长培训的内容也应该随之发生变化，只有贴合时代发展和小学校长实际发

---

① 陈孝彬，程凤春. 学校管理 [M]. 北京：北京师范大学出版社，2002.

展情况的教育内容，才有利于更好地增强小学校长培训工作质量。

所以，在制定小学校长培训内容的过程中，应该抓住当前小学校长的特点和发展逻辑，以及仔细分析当前小学校长在实际工作中所存在的弊端，从而有针对性地制定培训内容。尤其是在设置培训课程的过程中，应该因地制宜，根据当地的发展情况，不必要求完全统一。

如前文所述，校长既是一个教育者，也可以是一个管理者，更可以是一个领导者，所以，应从这个角度来思考和完善校长的培训内容。可以根据校长扮演不同角色制定出不同的内容。比如：校长作为教育者来说，应该安排有关于教育方面的内容，既要有的丰富的理论知识，也应该有一些教育热难点问题。校长作为管理者来说，培训的内容既要有丰富的理论知识，也要有一定的实践操作知识，这样既能增强校长的知识结构，还能提高校长的管理能力，实现双赢。

校长作为领导者，不仅要学习学校管理理论、学校管理心理、学校心理学，更要懂得领导科学和领导哲学。

(三) 培训模式的变革

所谓模式，是与一定任务相联系的各要素的具体指向、表现形式及其关系处理的概括。

小学校长培训模式是小学校长培训工作中诸要素的具体指向、表现形式及关系处理的概括。① 培训模式是理论与实践的桥梁，也可以说是一个中介，对于开展教学具有非常重要的作用，正因为是这样，我国越来越多的学者开始投身于小学校长培训模式的改革与创新中。然而，研究效果并不理想，就相关的教育实践显示，当前我国的小学校长培训模式还是十分单一，大多数都是以理论知识为主，虽然，有些已经增添实地考察、现场学习的内容，但大部分的校长都属于一种"走马观花"的状态，并没有仔细分析和研究其他学校的成功经验，这种学习方式，只能学习到一些皮毛的东西，并没有掌握其精髓，从而致使小学校长培训工作质量降低。基于此，我们应该根据当前小学校长的表现情况，不断地改革与创新校长培训模式，必要时可以借助或利用一些先进的技术，以促使培训模式的先进性和多样性，从而全面提升小学校长的综合素质，为全面开展课堂教学活动奠定坚实的基础，进而改善当前小学教学情况。

---

① 李文科. 现代小学校长培训模式的构建 [J]. 湖南教育学院学报，2000 (6).

（四）校长培训研究要专业化

要想让校长培训工作更加专业化，工作效率更强，就必须要加强校长培训的研究，要不断地提高培训的科学水平。那么究竟应该如何促使校长培训工作专业化，实际途径如下：

仔细分析当前校长培训工作的实际发展情况，应通过采用多种方法和途径以更好地提高小学校长的综合素质，让其能够更好地扮演领导者、教育者、管理者的角色。只有加强研究，校长培训工作才能建立在科学理论基础之上，才能有更加科学的、更加合理的理论知识作为支撑。然而，在实际的工作中，我们不难发现，当前的校长培训理论的研究还是十分落后的，有价值的研究成果也是十分少的，大多都是一些经验性的总结，并没有实际的理论知识。面对这种情况，我们应该不断地增强小学校长培训的专业化水平，不断地完善校长培训活动，只有这样才有利于学校的长期发展。

参考文献

[1] 陈纡雨. 中学校长教学领导行为的实证研究 [D]. 江西师范大学博士学位论文, 2016.

[2] 崔健. 优秀校长教学领导力的个案研究 [D]. 河北师范大学博士学位论文, 2017.

[3] 何冲. 中小学校长领导力提升策略研究 [D]. 西南大学博士学位论文, 2011.

[4] 孔丽. 农村小学校长领导力实证研究 [D]. 东北师范大学博士学位论文, 2016.

[5] 刘莉. 中学学校信息化领导力个案研究 [D]. 淮北师范大学博士学位论文, 2015.

[6] 刘霖芳. 教育变革背景下幼儿园园长领导力研究 [D]. 东北师范大学博士学位论文, 2015.

[7] 龙勇. 中小学校长教学领导力发展的知识基础研究 [D]. 江西师范大学博士学位论文, 2013.

[8] 李佩. 中小学校长道德领导力调查研究 [D]. 西南大学博士学位论文, 2016.

[9] 马维荣. 海南省中小学校长信息化领导力调查研究 [D]. 海南师范大学博士学位论文, 2013.

[10] 马云. 网络背景下中小学校长舆情领导力及其提升策略研究 [D]. 华东师范大学博士学位论文, 2013.

[11] 欧阳连香. 海南省中学校长领导力与绩效关系研究 [D]. 海南师范大学博士学位论文, 2014.

[12] 宋晨菲. 中小学校长信息化领导力现状调查与提升策略研究[D]. 河南大学博士学位论文, 2016.

[13] 孙倩. 中小学校长领导力缺失及其提升策略研究[D]. 山东师范大学博士学位论文, 2010.

[14] 滕云. 农村中小学校长领导力的个案研究[D]. 西南大学博士学位论文, 2010.

[15] 谭一琪. 上海市民办中小学校长课程领导力研究[D]. 华东师范大学博士学位论文, 2013.

[16] 翁家隆. 学校信息化发展历程中校长领导力的发展研究[D]. 浙江师范大学博士学位论文, 2014.

[17] 王娟. 中小学校长领导力评价指标体系研究[D]. 华东师范大学博士学位论文, 2016.

[18] 王苗. 中职校长领导力个案研究[D]. 浙江师范大学博士学位论文, 2014.

[19] 薛仪婷. 哈佛大学校长福斯特的思想领导力研究[D]. 浙江师范大学博士学位论文, 2016.

[20] 颜荆京, 汪基德. 幼儿园园长信息化领导力的内涵及理论模型[J]. 现代教育技术, 2017, 27(4): 52-58.

[21] 杨昆. 初中校长信息化领导力研究[D]. 宁夏大学博士学位论文, 2014.

[22] 喻梦洋. 普通高中校长课程领导力个案研究[D]. 河南大学博士学位论文, 2014.

[23] 赵帅. 校长领导力研究与国际大规模教育评估[D]. 上海师范大学博士学位论文, 2012.

[24] 张玥. 抗战时期国立大学校长的治校方略研究[D]. 南京大学博士学位论文, 2013.